行動経済学が最強の学問である

行為經濟學是最強商業武器

善用人的不理性，一次改變千萬人

相良奈美香——著
葉廷昭——譯

對商業人士來說，
「最強」的學問莫過於行為經濟學了。

這門學問目前在商業界
有極大的影響力。

全球知名的大企業都在搶奪
「行為經濟學的人才」，
有時甚至不惜砸下幾千萬重金。

有的企業甚至還設有
「行為經濟學團隊」。

世界一流學府為了滿足商業界的需求，
陸續開設「行為經濟學系」。

已經出社會的商業人士，
也重回校園研讀這一門學問。

行為經濟學的知識，
儼然已是商業人士的必備素養。

然而，行為經濟學還是一門嶄新的學問，
缺乏明確的系統。
人們只能死背每一項理論，
難以掌握「本質」。

因此，本書除了網羅基本知識，

包括：

「助推理論」

「系統一對系統二理論」

「展望理論」

「不確定性理論」

「體化認知」

「情意」

「理由效應」

……

也試著歸納各項主要理論，
以前所未有的方式說明行為經濟學。

前言

現在全球商業菁英都在研究「行為經濟學」

——谷歌、亞馬遜、網飛等知名企業，都有「行為經濟學團隊」

冒昧請教各位一個問題，你們對「行爲經濟學」這門學問有什麼印象？

「不就是經濟學的一門分支嗎？」

「好像很冷門。」

「跟一般人沒什麼關係。」

你們大概是這樣想的吧。

圖表1　用行為經濟學做生意的知名企業

谷歌	麥肯錫公司	保德信金融集團
亞馬遜	德勤	JP摩根
蘋果	普華永道	沃爾瑪
網飛	達能	嬌生
META（臉書）	可口可樂	萬事達卡
微軟	ING集團	那斯達克
Airbnb	AIG	貝萊德投信
Uber	諾華	瑞士再保險
Spotify	Nest	Betterment
CVS藥局	Indeed.com	安聯投信

資料來源："Example Companies Involved with Behavioral Economics", Stephen Shu, PhD official Website, july 1, 2018

如果我說，行爲經濟學是目前商業界最重視的學問，你們一定很驚訝吧。

「行爲經濟學是商業人士的必備素養。」

現在全球都在探討這門學問的重要性。

尤其世界知名的大企業，也開始向行爲經濟學取經。很多企業還成立了「行爲經濟學團隊」（詳見圖表1）。

行爲經濟學的影響力遍及

各行各業，舉凡谷歌、亞馬遜、蘋果、網飛這些科技業巨頭，還有麥肯錫、德勤等顧問公司、JP摩根等金融企業，以及製造業的嬌生和零售業的沃爾瑪，甚至美國聯邦政府、WHO、世界銀行等公家機關，都在運用行爲經濟學。

無形中，行爲經濟學也對我們產生了影響。

比方說，亞馬遜的商品頁面中，就運用行爲經濟學的「定錨效應」來刺激我們的消費欲望。網飛則是運用「預設效應」吸引我們觀賞影片。谷歌也在面試中防範「確認偏誤」，來尋找眞正優秀的人才。具體內容就留到後面章節再詳述。

有些企業還設置了行爲長一職，地位相當於營運長、行銷長。這些都證明了全球大企業有多麼重視行爲經濟學。

——美國就業市場也掀起一股行為經濟學熱潮

我高中畢業就到美國，在奧勒岡大學接觸了行爲經濟學，之後在奧勒岡大學的研究所和商學院繼續研究行爲經濟學，是少數完成行爲經濟學博士課程的日本人。

畢業後，我離開學術界，成立「行爲經濟學顧問公司」，擔任負責人。這種顧問公司在美國也很少見，我的客戶主要在美國和歐洲，包括金融、醫療、生技、汽車製造、科技、行銷等領域。我的工作就是擔任那些企業的顧問，教他們如何把行爲經濟學應用在商業行爲上。

美國很重視客戶的隱私，所以我不能直接說出自己的客戶是誰，但我指導過的企業，從人盡皆知的大企業到中小企業都有，負責的專案超過一百項。

耶魯大學、史丹佛大學等知名學府和一流企業也邀請我發表國際性的演說。我積極推廣行爲經濟學，教導過上千人名學生。這二十年來，我始終站在第一線，從事運用行爲經濟學的工作。

言歸正傳，現在商業界越來越重視行爲經濟學，相關人才在美國也是炙手可熱。

「如果沒有攻讀行爲經濟學，我一定拿不到谷歌的工作。」

這是我朋友最眞實的感言，他之前在賓州大學研究所攻讀行爲經濟學。

美國商業界爆發了一場「行爲經濟學人才爭奪戰」。我大學時代的好友，大多都在學術界當起教授，至於往商業界發展的朋友，則多在臉書、蘋果、亞馬遜、網飛、谷歌這些科技業巨頭任職。

有一次，我在谷歌打上「Behavioral Economics Job」（行爲經濟學和工作），比較二〇一二年和二〇二二年前三季，有多少符合關鍵字的搜尋結果。二〇一二年有兩萬三千八百件相關訊息，二〇二二年成長到兩千七百三十萬件，十年來成長了一千一百四十七倍。

當然，不見得每一則都是求才訊息，但這證明了行爲經濟學和工作的關聯，確實引起了世人的矚目。我念研究所是二〇〇五年以後的事，當年我去參加行爲經濟學的研討會，與會者也才幾十人，短短十幾年過去，情況有了非常大的變化。

企業爭相雇用有行爲經濟學背景的人才，我也居中協調過不少次。擁有博士學位的人，第一年最少就有一千五百萬日元（折合新台幣約三百萬元。本書出版時，日幣兌新台幣約一：〇・二二），教授去當顧問的話，時薪甚至可以到三十萬日元。

「雇用教授當顧問，是怎麼一回事？」

各位可能會覺得納悶。其實，這在美國是很常有的事。大企業要推動新事業或跨足新的商業領域時，都會從學術界延攬專業人才。

我以前的指導教授，也有人被延攬進蘋果或微軟任職。企業之間互相爭奪知名教授的情況屢見不鮮。

——哈佛大學等一流學府都成立行為經濟學系

高等教育機構成立的目的，就是要培養對社會有貢獻的人才。尤其美國的大學會配合時代的需求，把最實用的知識和技術編入課程中。大學會增設全新的科系，也意味著社會對行爲經濟學有很大的需求。

近年來，行爲經濟學受到商業界的重視，很多商學院積極安排相關課程，全球一流學府也爭相成立行爲經濟學系（詳見圖表2）。

具體來說，哈佛大學、耶魯大學、賓州大學、康乃爾大學、哥倫比亞大學這些

圖表2　設有行為經濟學課程的「一流學府」

大學	學位或研究室	大學	學位或研究室
哈佛大學	碩士、博士	倫敦大學學院	碩士
麻省理工學院	博士	賓州大學	學士
加州大學洛杉磯分校	博士	卡內基美隆大學	學士
加州理工學院	博士	南加州大學	學士
芝加哥大學	博士	卓克索大學	學士
堪薩斯大學	博士	耶魯大學	研究室
聖路易華盛頓大學	博士	史丹佛大學	研究室
馬里蘭大學	博士	加州大學聖地牙哥分校	研究室
鹿特丹伊拉斯姆大學	博士	加州大學柏克萊分校	研究室
康乃爾大學	碩士	哥倫比亞大學	研究室
賓州大學	碩士	紐約大學	研究室
倫敦政治經濟學院	碩士	奧勒岡大學	研究室

「常春藤聯盟」的名校，以及芝加哥大學、卡內基美隆大學、史丹佛大學等，都有行爲經濟學的課程。

這些大學的碩士課程有一個特徵：多數學生都是出社會歷練過一段時間，才回到學校攻讀行爲經濟學。比方說，我在賓州大學擔任顧問，該校的行爲經濟學碩士班學生，一半以上都有工作經驗。

全球商業人才都跑來學習行爲經濟學，他們認爲研究行爲經濟學，可以爲自己帶來更好的出路。而這樣的學習意向越來越強烈。

這些一流學府和知名企業聯

手，共同研究行爲經濟學。例如，耶魯大學就和谷歌、臉書、ＩＢＭ等企業合作。行爲經濟學就是如此受到社會的重視。

——為什麼行為經濟學是「最強的學問」？

爲什麼全球商業菁英都在研究行爲經濟學呢？

「經濟活動」其實是「人類行爲」的累積，因此，了解「人類行爲」至關重要。不管是Ｂ２Ｂ企業或Ｂ２Ｃ企業，所有企業做的都是「人」的生意。各位的主管、同事、客戶也都是「人」。說穿了，「經濟活動」就是「人類一連串的行爲」。這一門學問主要分析「人類從事經濟活動的行爲原理」，所以才叫「行爲經濟學」。

最重要的是，了解人類採取某些特定行爲的原因。光看一個人的「行爲紀錄」，知道他過去做了哪些事，或是沒做哪些事，很難得出有效的因應對策。如果可以發掘某項特定行爲背後的原因，就能找出改變行爲的方法。

行爲經濟學並不是用直覺或主觀來判斷行爲背後的原因，而是用「科學的方法」，實際檢驗人類的行爲原理，並將印證的結果歸納成一套理論。

歸根究柢，商業的核心在於「改變人的行爲」。先了解行爲背後的原因，再使用後面提到的框架效應，就可以一口氣改變幾千萬人、甚至幾億人的行爲。這樣的例子在世界各國都看得到。

行爲經濟學會被譽爲「最強的學問」，就是因爲具備如此驚人的影響力。全球商業菁英都注意到這一點，才會爭相學習行爲經濟學。

——第一本真正系統化的入門書

不過，以往的行爲經濟學也是有缺點的。這一門學問問世的時間還不長，缺乏有系統的歸納和整理（詳見圖表3）。

行爲經濟學是分析人類行爲的理論集結，但缺乏系統和分類，每一種理論之間也缺乏關聯性。

所以，想要學習行爲經濟學的人，只能死背這些片斷的理論和知識，難以掌握這

圖表3　過去學習「行為經濟學」的方法

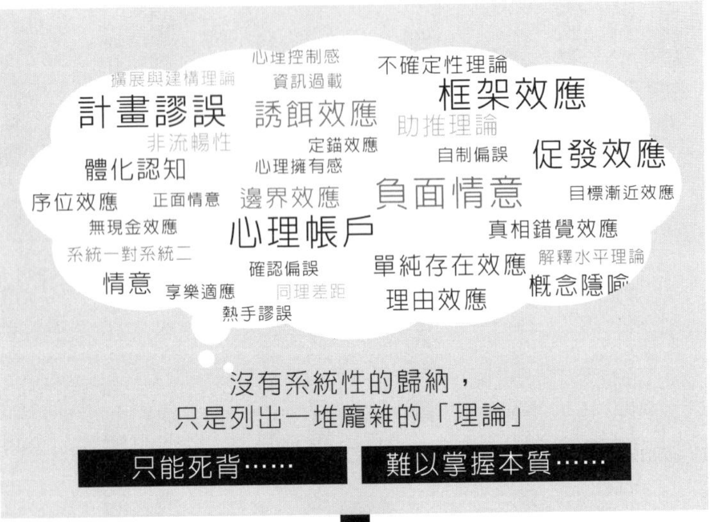

圖表4　本書學習「行為經濟學」的方法

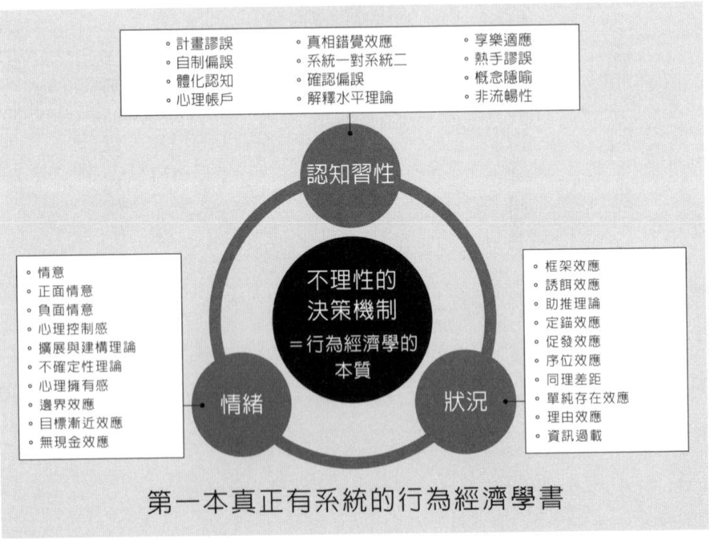

一門學問的「本質」。事實上，有不少人跟我抱怨，行爲經濟學太過龐雜混亂，太難懂，不曉得行爲經濟學到底在講什麼。

有鑑於此，本書提出了「嶄新的學習方法」，詳見圖表4。詳細留到序章再介紹，總之，我把這門學問的各項理論分成三大類，這樣比較容易闡明「行爲經濟學的本質」，也可以幫助各位理解這一門學問。

爲了不曾接觸過行爲經濟學的讀者，本書網羅了行爲經濟學的基礎知識和主要理論。只要看過這一本，就能立刻掌握商業人士應該知道的行爲經濟學「素養」。

至於已經學過行爲經濟學的讀者，也可以透過這本書重新理解行爲經濟學的本質，歸納自己學到的知識，深化你對這一門學問的理解。

請各位打開這本書，一窺「行爲經濟學」的奧祕。

行爲經濟學博士、顧問
相良奈美香

目次

第1章 認知習性

大腦的「認知習性」會影響我們的決策

第2章 狀況

周圍的「狀況」會影響我們的決策

提示資訊的「方式」會影響我們的判斷——187

- 娜歐蜜．曼德爾的研究和「促發效應」
- 播放法國音樂，高達八成的消費者會買法國紅酒
- 紅肉含量七五％和油花含量二五％，你怎麼選？
- 何謂「展望理論」？
- 哥倫比亞大學和加州大學合作研究「框架效應」
- 「聯合評估與獨立評估」：如何選擇二手字典？
- 「誘餌效應」帶動麵包機大賣
- 為什麼奧地利人九九％都同意器官捐贈
- 「定錨效應」讓iPhone7看起來變便宜了！
- 用骰子決定判決結果？
- 亞馬遜應用狀況理論，擬定無敵的戰略
- 「理由的力量」：提出請求並不需要明確的理由
- 利用「自主偏誤」，誘導小孩去洗碗

第3章 情緒

當下的「情緒」會影響我們的決策

・花錢買幸福的五種方式

「控制感」會影響我們的判斷——276

・人是熱衷控制的動物
・南加州大學關於抽血與控制的實驗
・「邊界效應」的作用，有框線的外包裝更受好評！

「不確定性」會影響我們的判斷——282

・「不確定性理論」：未知是最恐怖的壓力
・美國大樂透與不確定性

第3章的重點

終章

與「日常生活」息息相關的行為經濟學

序章

第一本系統化的
行為經濟學入門書

序章的「概要」與「謎題」

爲了不曾接觸過行爲經濟學的讀者，我會在序章的開頭說明一些基本知識，包括「到底什麼是行爲經濟學？」「這一門學問又是如何問世的？」。

關於這門融合「經濟學」和「心理學」的嶄新學問是如何誕生的，我會以三位諾貝爾獎得主，以及他們最具代表性的理論，來解釋這些問題。

介紹完行爲經濟學的概要，各位有了一些基礎以後，我會說明以往學習行爲經濟學的方法有哪些問題，然後具體說明本書的解決之道。

這就是序章的大致內容。

一門學問經過系統化，可以分爲幾個不同的領域。就以「經營學」爲例，光是「經營學」，就有「經營戰略」「行銷」「會計」「財務」「人事組織」「調度控管」等不同領域，詳細的理論就歸類在各自的領域中，學起來會比較好理解。

不過，那是因為經營學已經問世很長一段時間。正確來說，將學問「系統化」，需要耗費漫長的時光，經過一次又一次的探討才行。越新的學問，內容也越龐雜混亂。行為經濟學就是最具代表性的例子。誠如前言的圖表3，這是一門理解「人類行為」的理論，但現在仍缺乏系統。

那麼，以往學習行為經濟學的人是怎麼做的？老實說，他們也只能學習一個一個片斷的理論，無法深入理解，因此不少人認為行為經濟學很無聊，抓不到重點。

有鑑於此，本書會先闡明「行為經濟學的本質」。再根據本質，將行為經濟學分為「認知習性」「狀況」「情緒」這三大領域，歸納各項理論。前言的圖表4就是歸納後的內容。

依照我過去的教學經驗，用這種方式學習最有效果。許多人按照我的方法學習，才發現原來行為經濟學這麼有趣。

那麼，到底什麼是「行為經濟學的本質」？

簡單講就是：

「分析人類『不理性決策機制』的學問」。

如此而已。

「怪了？妳剛才不是說，行爲經濟學是理解『人類行爲』的學問嗎？」

有這種疑問的讀者也不用擔心，人類的行爲不管是有意的還是無意的，一定都是決策產生的結果。我們的大腦決定要做某件事情，所以我們才採取行動。而人類的行爲不見得都是理性的，應該說，人類是一種「專門做不理性行爲」的動物。

因此，分析「人類行爲」，就是分析「不理性的決策機制」。關於這一點，我在序章會詳細說明。

爲了讓各位實際體驗一下，人類有多麼容易做出「不理性的行爲（決策）」，我們來看一道謎題吧。

Quiz

圖中有兩罐雷根糖（美國常見的糖果，內含柔軟的糖心）。兩罐雷根糖都有白色和紅色的糖果，A罐有一百顆糖果，其中九十一顆是白色的，九顆是紅色的。B罐有十顆糖果，其中九顆是白色的，一顆是紅色的。

每個人輪流矇眼拿一顆糖果，先拿到紅色糖果的人有獎金。

你是第一個拿糖果的人。請問，你要從A罐還是B罐拿糖果？

A

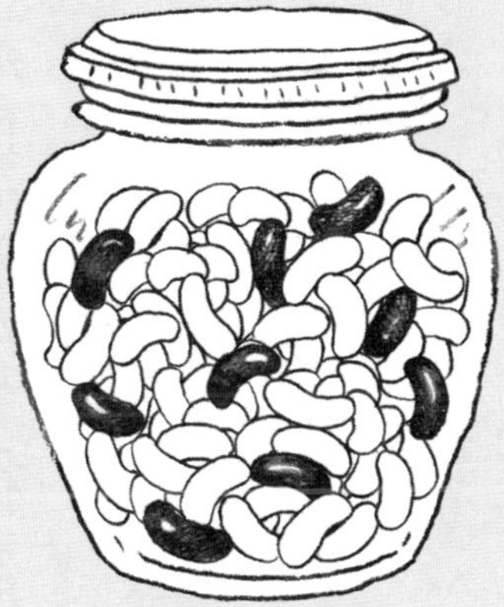

B

為什麼會有行為經濟學？

各位會從A罐還是B罐拿糖果呢？

先說結論吧，大多數的人都會選擇A罐。但事實上，從B罐拿才是理性的選擇。因爲A罐共有一百顆糖果，其中有九顆紅色糖果，所以，從A罐拿到紅色糖果的機率是九％。

相對的，B罐共有十顆糖果，其中有一顆紅色糖果，所以，拿到紅色糖果的機率是一〇％，機率比A罐還要高。

然而，實驗結果顯示，六成以上的人都選擇A罐。因爲人類看重紅色糖果的「數量」甚於「機率」，不會依照機率做出理性的選擇。大家會認爲，A罐有比較多紅色糖果，感覺比較容易拿到，因此選擇有九顆紅色糖果的A罐。

其實冷靜思考一下，就會發現當中的玄機，偏偏人們還是做出了錯誤的決定，這就是人類。

由此可知，人類是一種專做「不理性行爲（決策）」的動物。了解「不理性的人類爲何做出不理性的行爲」，這就是行爲經濟學。

——「經濟學」和「心理學」的完美結合

「經濟學」和「心理學」的完美結合，就是行爲經濟學。

先說說「經濟學」是一門怎樣的學問。經濟學主要分析經濟活動中的人類行爲。財富的運用，造就了「經濟」體系，人類在經濟體系中會做出哪些行爲？背後的原因又是什麼？經濟學就是在闡明這些問題，並且歸納出一套理論。

「不過，這不是行爲經濟學的定義嗎？」

有這種疑問的讀者，你問了一個好問題。

沒錯，在行爲經濟學問世之前，就有一門學問專門研究「經濟活動中的人類行爲」，那就是經濟學。既然如此，爲什麼還要特地弄一套行爲經濟學呢？

因爲傳統經濟學無法眞正闡明「人類的行爲」。詳情容後再述，總之，傳統經濟學的大前提是，人類一定會做出「理性的行爲」，卻忘了「人類是一種不理性的動物」。

事實上，人類很常做出「不理性的行爲」。從理性思考，如果不想變胖，就應該吃健康、清淡的食物，偏偏大家都會選擇重口味的食物，就算明知會胖也照吃不誤。我們都知道爲了將來著想，應該多存一點錢，卻總是在購物的時候，忍不住添購一些不必要的東西。

經濟學專門研究人類，卻沒有考慮到人類做出不理性行爲的「心理因素」。

既然經濟學沒有考慮到人類的「心理因素」，那就有必要加入心理學才行。這兩門學問融合在一起，就成了行爲經濟學。至此，我們終於可以從更全面的角度，來分析「經濟活動中的人類行爲」。

理查・塞勒

羅伯・席勒

丹尼爾・康納曼

行爲經濟學是二十世紀後期才蓬勃發展的一門新學問，有三位諾貝爾獎得主。

二〇〇二年，號稱「行爲經濟學之父」的丹尼爾・康納曼獲得諾貝爾經濟學獎。和康納曼一起做研究的阿摩斯・特沃斯基不幸去世了，如果還活著的話，應該會跟他一起得獎。

康納曼是以色列的心理學家，在加州大學柏克萊分校取得博士學位以後，大多時間都留在美國做研究。他在一九七九年發表了「展望理論」，這個劃時代的理論，點出了「人類的決策並不理性」的事實，也奠定了今日行爲經濟學的理論基礎。

接下來登場的行爲經濟學家是羅伯・席勒，他在二〇一三年獲得諾貝爾經濟學獎。席勒本來就是經濟學家，曾指出泡沫經濟是一種「毫無由來的狂熱」。席勒的理論說明，傳統的經濟學只會計算過去的數據，無法眞正了解市場脈動。像股價變化，就跟「人類的心理狀態」大有關聯。他的理論也符合行爲經濟學的定義。

下一位靠行爲經濟學獲得諾貝爾經濟學獎的，是理查・塞勒，他提出了「助推理論」，於二〇一七年獲得諾貝爾經濟學獎。他把康納曼的「展望理論」應用在經濟學領域，開拓了行爲經濟學的範疇。當然，很多學者也發表過類似的論文，但塞勒會成爲代表性的人物，是因爲他還透過專欄和著作，將行爲經濟學推廣至商業界，成爲人盡皆知的一門學問。

多虧這些人的努力，行爲經濟學迅速引起關注。但在二〇一〇年之前，我還在念博士課程的時候，這門學問還不叫行爲經濟學，當時稱爲「判斷與決策理論」。康納曼一九九一年出版的學術論文也寫道，他和特沃斯基從一九六九年開始研究「判斷與決策理論」。

沒想到，到了二〇一〇年，「行爲經濟學」很快就受到了世人的矚目。

——傳統經濟學無法闡明「人類的行為」

- 「行爲經濟學之父」康納曼和特沃斯基，他們的專業是心理學。
- 席勒和塞勒的專業是經濟學。

從這兩點看得出來，行爲經濟學是「經濟學」和「心理學」結合的產物。在心理學廣泛的領域中，康納曼特別重視「決策心理學」，他指出「人類的決策是不理性的」。人心善變，又沒有一定的規律，他就是從人性的角度來闡述經濟學。

那麼，經濟學和行爲經濟學有何關聯呢？我先簡單說明。

十八世紀的亞當·史密斯，奠定了現代經濟學的基礎。他在《國富論》中提出了以下的主張：

「在市場經濟中，只要每個人追求自己的利益，最終會使得整個社會的資源分配達到最佳狀態。」

這是史密斯的觀點，也是資本主義經濟的核心理念。他認爲，就算結果未如預期，市場上也會有一隻「看不見的手」來調整。

他在撰寫《國富論》之前，還寫了一部《道德情操論》，當中寫道：「人類有各式各樣的激烈情感，但也有同理心，只要人們了解道德和義務，就會做出正確的行動。」

這些都是「經濟學之父」亞當·史密斯的觀點，經濟學也承襲了他的觀點，認爲人類在市場機制當中，一定會做出理性、正確的判斷。

之後，爲了分析更加複雜的市場機制，總體經濟學、統計學、金融工程學等學問也相繼問世。但經濟學的研究方向始終擺脫不了數學，凡事都講求「理性」。

問題是，不管是十八世紀，還是現代社會，市場經濟並非完全理性，這一點相信各位也深有體會。理由很簡單，因爲市場經濟當中有人類這種「不理性的存在」。很遺憾，並非所有人都具備道德和義務，即便明白這個道理，也還是會做出錯誤的決定。想必這也不需要我多做說明才是。

「以理性爲大前提的傳統經濟學，是有局限的。」

所以，就像前面提到的，爲了了解人類的行爲，才有這門融合心理學和經濟學的新學問誕生。

——行為經濟學成功推動「明天存更多計畫」

行爲經濟學之所以快速普及，主要是因爲這門學問符合「社會的需求」，也可以說，行爲經濟學順利解決了經濟學束手無策的問題。

比方說，在行爲經濟學尚未問世的時候，政府或企業要推動新的政策或方案，會先請教經濟學家的意見。確實，他們提供的都是「理性」的寶貴意見，但也有許多不切實際的地方。

因此，塞勒和他的研究夥伴索羅摩．班納齊，利用行爲經濟學提出了劃時代的解方。其中最爲人所知的就是「明天存更多計畫」，這項計畫也讓世人接觸到了行爲經濟學，我來簡單介紹一下。

在日本，二十歲以上的國民會自動加入國民年金，上班族則是加入厚生年金。換句話說，政府直接從薪資裡提撥，人民繳納年金不需要做任何動作。

相對的，美國的年金體制則是讓國民自己選擇要不要加入。然而，美國普查局發現了一個驚人的事實，五十五歲到六十六歲的美國人，竟然有五成的人沒有存退休金。

當然，大企業都有引進提撥制度，也會建議勞工多增加提撥額度，這樣未來可以領到更多年金。但現實是，還是有人遲遲不肯加入，或是加入了也不肯增加額度。

「繳納年金對自己有好處，爲什麼大家都不做呢？」

傳統經濟學認定人類是理性的，會做出理性、正確的行爲，因此無法解釋這個問題。

行爲經濟學提供了解答：

1. 慣性：人類不喜歡麻煩，偏好「照舊」。出於慣性，大家覺得繳納年金很麻煩。

2. 損失迴避：人類的負面情緒值（弄丟一千日元的衝擊）遠大於正面情緒值（路上撿到一千日元的喜悅）。所以，當下薪水減少一萬日元的衝擊，遠大於儲蓄增加一萬日元的喜悅。

3. 現時偏誤：人類比較重視「當下」，對於自己未來可以領到年金，有種事不關己的感覺。因此，人們想把錢用於當下，而不是未來。

因爲有這些偏誤，本來應該理性思考的事情，也被不理性思考比下去了，所以美國人遲遲無法存到退休金。塞勒和班納齊認爲，應該反過來利用這種偏誤。

首先是慣性，解決方法是預設凡是加入公司的員工，都要繳納年金，不需要任何手續。當然，不想繳納的人可以提出「不同意繳納」，選擇退出。但人類是一種怕麻煩的動物，大多都會同意繳納。

接下來，爲了防止損失迴避和現時偏誤的心態，也預設員工升遷後，會自動增加繳納額度。如此一來，員工對增加繳納額度也不會有抗拒感。

儘管繳納年金並非強制性的，可以隨時終止，額度也能自行決定，但人們基於慣性，也不會去改動一開始的設定。

如此一來，繳納額度自然慢慢增加。

這個案例告訴我們，行爲經濟學家了解人類的行爲機制和偏誤，反過來利用這種偏誤，達到了前所未有的成果。

成功的關鍵在於，這些改變並不大。塞勒提倡的這個理論稱爲「助推理論」，所謂的「助推」，是指用引導的方式去影響人們的決策，並改變行爲模式。

「明天存更多計畫」是塞勒和班納齊共同推動的，二〇一三年我就在班納齊底下擔任顧問，所以這項計畫的成果是我親眼所見。二〇〇三年，只有一四％的企業引進自動繳納年金制度，到了二〇一一年，上升到五六％。個人提撥率也在四年之內，從三．五％，上升到三．六％。

誠如前述，傳統經濟學認定人類會做出正確的行爲，對人類的看法太過「理想化」。行爲經濟學則是分析人類的「實際行爲」，並了解箇中原因。不但如此，我們甚至可以改變不理性的行爲。

「這麼有幫助的學問，應該好好運用！」

就這樣，行爲經濟學開始廣爲人知，美國也在研究如何廣泛應用這一門學問。

——歐巴馬連任和行為經濟學

歐巴馬連任美國總統，也和行爲經濟學脫不了關係。一般人也是透過「明天存更多計畫」和這件事才接觸到行爲經濟學，所以我在此介紹一下。

和希拉蕊經過一番較量後，歐巴馬代表民主黨參選總統。當年布希執政，導致美國各方面原地踏步，人們對這個年輕有爲的總統抱有莫大期待，更何況，他還可能是美國第一位黑人總統。歐巴馬第一次參選，背負著全世界的關注和期待，可以說是眾望所歸的勝利。

不過，爭取連任的狀況就不一樣了。實際掌握大權以後，人民對他的經濟政策也多有不滿。在這種情況下，歐巴馬是如何保住總統大位的呢？

二〇一二年歐巴馬成功連任的關鍵，正是行爲經濟學。

爲了贏得激烈的選戰，競選團隊聘請了行爲經濟學的泰斗大衛．尼克森，這個人同時也是數據科學家。他應用行爲經濟學，擬定爭取票源的戰略。

選戰的關鍵在於「游離票」。

「我支持民主黨，也想投給歐巴馬，但我大概不會去投票吧……」

美國很熱衷選舉，但美國人也跟我們一樣忙，許多人儘管有意願投票，但最後還是不克前往。因此，多吸收一些不見得會去投票的游離票源，將是勝選的關鍵。

歐巴馬代表民主黨參選，他的支持者主要是「自由主義者」。尼克森先利用數據分析，找出自由主義者的游離票源大多居住在哪些地區。之後再運用行爲經濟學擬定戰略，爲那些人排除不想去投票的原因。

戰略本身很單純，競選團隊只問了民主黨的支持者三個問題：

- 選舉那天，你幾點會去投票（時間）？
- 選舉那天，你會從哪裡前往投票所（場所）？
- 選舉前天，你有什麼預定行程（投票前的預定行程）？

競選團隊除了問問題以外，什麼也沒做。他們利用這三個問題，讓支持者想像當天去投票的過程。這個單純的作用，消除了支持者不想去投票的心理因素。這個運用行為經濟學的戰略，獲得了廣大的游離票源，也幫助歐巴馬成功連任。研究行為經濟學的人幾乎都知道這件事。

幾年後，理查·塞勒大力推廣行為經濟學理論，在二〇一七年獲得了諾貝爾經濟學獎。他的著作《推力》也成為全球暢銷書。利用行為經濟學，讓人們繳納年金的意願更勝以往，也幫助歐巴馬成功爭取連任。因此，連商業界也開始關注這一門學問。

——網飛會自動播放下一集的原因

行爲經濟學已廣泛應用於現代社會，我們的生活周遭也有很多商品和服務運用了行爲經濟學。幾家科技業巨頭，用得更是出神入化。

比方說，提供影音串流服務的網飛，在一九九七年剛創業的時候，主要提供DVD租借服務，二〇〇七年才開始提供影音串流服務。如今，網飛擁有超過兩億的用戶，成長爲巨大的資訊科技企業，最主要的原因就是，他們善用行爲經濟學，做出了推薦功能。

不同年齡、性別、國家的人，對影視也有不一樣的喜好，爲了滿足每一個用戶，必須有上百萬部的影視作品才行。從行銷戰略的角度來看，如此龐大的片源是必須的。

但問題是，如此龐大的數量，用戶也難以選擇。那該如何是好呢？網飛的戰略，應該就是運用了行爲經濟學。

各位用過網飛就知道，當你打開網飛，登入帳號，馬上就會出現各種推薦影片。

用戶可以依照推薦觀賞影片，網飛還會再進一步推薦其他相關影片，用戶不必自己費心尋找，就能輕鬆看到喜歡的作品。使用網飛的時間越久，關於影視偏好的數據越多，推薦的影片會更加符合用戶的喜好。

傳統經濟學認爲人類是理性的，資訊和選項一定是越多越好，消費者一定也會喜歡比較多的選項。

可是，行爲經濟學有不一樣的解釋。當資訊和選項過多，人們非但不能做出最佳決策，甚至連決策都不想做。詳細留到第二章說明，總之，這是「資訊過載」和「選擇過載」的狀態。

因此，網飛不只準備了上百萬部影視作品，還用最精確有效的方式，篩選用戶會看到的資訊和選項，這就是網飛的推薦功能。

亞馬遜和迪士尼的影音串流服務也有一樣的功能，當用戶看完第一集，會自動播放第二集。過去DVD時代，都要自己播放，決定要不要繼續看下去，所以消費者很少像現在這樣一直看下去。

現在的影音串流服務會自動播放下一集，這是運用了行爲經濟學的「維持現狀偏誤」，讓用戶一直看下去。久而久之，人們認爲看完一集接著看下一集，是理所當然的事，抖音就是這樣。

在傳統經濟學的觀念中，人類會冷靜做出理性的決策，但現實情況完全相反。這些企業也理解這一點，並且活用在自己的生意上。

──星巴克積點制度的「目標漸近效應」

科技業以外，從食品業到醫療業大廠也應用行爲經濟學在生意上。很多時候你會發現，那些大廠之所以能成爲市場龍頭，主要是他們運用行爲經濟學來擬定戰略。

好比星巴克的手機應用程式，就是徹底活用行爲經濟學的產物。

其中星巴克的「星禮程」積點制度特別值得矚目。當消費者累積到金星級的資格，就可以搶先購買最新商品，或是得到生日禮物。而且，成爲「星巴克的頂級客戶」這件事，也會帶給消費者優越感。這種戰略也是應用了行爲經濟學的「正面情意」（細微的正面情緒）理論，詳細就留待第三章再說明。

很多航空公司和飯店都有客戶分級制度，不過，星巴克還會透過手機應用程式，告知消費者在哪幾天消費，可以獲得額外的點數。也會顯示還差幾點，就能成爲頂級客戶。

從行爲經濟學的觀點來看，這就是所謂的「目標漸近效應」，意思是當人們越接近目標，企圖心也會越強烈。期間限定的額外點數，再加上漸進式的升級制度，也可以說是一種「遊戲化」的手法，等於是把電玩遊戲的理論套用在商業上。

再來，積點制度所使用的積分表，也有一點玄機在裡面。積分表上，累積二十五顆星到五十顆星的間距，跟累積兩百顆星到四百顆星的間距是一樣的。這兩個級距的差距是二十五和兩百，做成圖表根本不應該是一樣的間距。但從行爲經濟學的角度分析，這是很優秀的戰略。因爲消費者純粹是靠感覺做判斷，不會仔細推敲其中的玄機。消費者會認爲，都已經累積五十顆星了，那就再接再厲吧。事實上，累積四百顆星需要的消費額度，遠比累積五十顆星的消費額度高多了。

星巴克就是利用這套「星禮程」制度，獲得廣大的支持者。

許多企業都了解人類不理性的決策和行爲機制，爲了贏過競爭對手，他們都運用行爲經濟學來擬定戰略。不過，這是不方便說的企業機密。簡單講，企業不希望消費者發現這些「公開的祕密」。

可是，研究過行爲經濟學的人，一看就知道哪些服務有套用行爲經濟學的理論。不但如此，研究過行爲經濟學，你看世界的角度也會不一樣。

現代社會充滿了各大企業的行銷策略，只要你具備行爲經濟學的知識，就再也不會用單純的角度來看待這一切。

- 作爲消費者，你會變得更聰明，不再上企業的當。
- 而作爲商業人士，你將成爲優秀的策略家，消費者會更喜歡你的商品和服務。

這才是商業人士學習行爲經濟學的理由。

以往的行為經濟學缺乏系統

——理論沒有分門別類，難以掌握本質

結束博士後研究員的工作之後，我在美國成立了顧問公司。沒多久，就有很多企業希望我善用行爲經濟學的知識，替他們出謀劃策。身爲一個初出茅廬的企業主，有這麼多客戶很值得慶幸，但時間一久，我發現了問題。

「大家對於行爲經濟學的理論和效果，其實都似懂非懂，只是知道一些零散的知識而已吧？」

我內心開始出現這樣的疑問。

各位可以看圖表5，有些理論你一定聽過，但大多數人都只是知道，並沒有眞的了解那些知識，也無法跟其他人說明。

理由很簡單，這門學問缺乏系統，就只是列出了一大堆理論。過去學過行爲經濟學的讀者，大概也只能死背這些片斷的理論，背完一個再背下一個，也不懂每一項理論的關聯和脈絡。就好像以前念書時死背英文單字一樣，很難留下深刻的印象。況且，死背理論也很痛苦。

若跟這張圖表一樣，只是吸收了一堆表面知識，很多人還可能會誤以爲自己已經精通這門學問。

比方說，人類有所謂的現時偏誤，比較看重現有的事物，不願意嘗試新事物。但就算有這個知識，也不代表眞的理解內涵。

行爲經濟學到底是什麼？你得先了解這一門學問的「本質」，將學問的本質和各項理論融會貫通，如此一來，「死背的知識」才會昇華爲「實用的素養」，也才能夠

圖表5　過去學習「行為經濟學」的方法

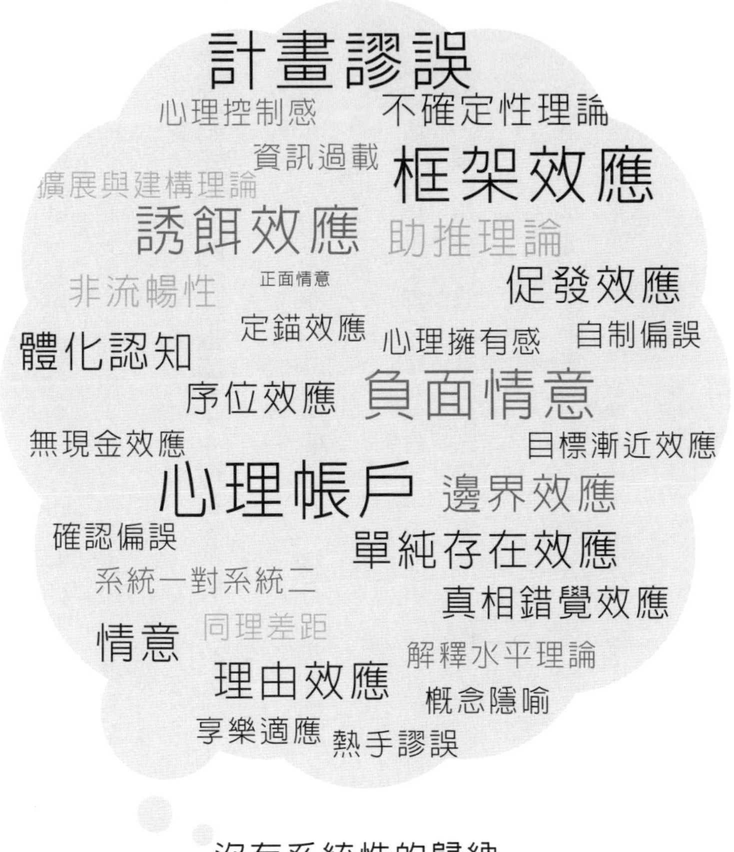

沒有系統性的歸納，
只是列出一堆龐雜的「理論」

只能死背……　難以掌握本質……

想出解決問題的方法，並據此採取行動。

行爲經濟學很深奧，要先了解這一門學問的本質，建立系統，才有辦法探究人類行爲背後的原因，從而更進一步看出人類行爲對經濟造成哪些影響。

——行為經濟學是一門嶄新學問，還缺乏系統

那麼，爲什麼行爲經濟學跟其他學問不同，沒有一套系統呢？原因是，一門學問要建立系統，需要相當漫長的時間。

我創業以後，客戶常來拜託我，希望我用更簡單、更實用的方式教他們行爲經濟學。換句話說，客戶想具備眞正實用的商業素養。

「聽完那些理論的當下，我都以爲自己都懂了，但行爲經濟學的理論實在太多，沒多久就忘光了。相良博士您是專家吧，拜託請盡快統整那些龐雜的理論吧。」

客戶說的這段話，點破了我剛創業時就有的疑問。

其他行爲經濟學的專家，認爲至少要花上百年的時間，這門學問才會有比較明確的系統。主要原因有二，首先，這是一門「很年輕的學問」，還來不及統整歸納，就不斷有各種理論推陳出新。

再者，這是門融合經濟學和心理學的學問，要將這兩門學問放在一起統整歸納，可不是件容易的事。

更麻煩的是，經濟學和心理學的觀點完全不一樣。傳統經濟學的專家認爲，人類是理性的，一定會做出理性的行爲，提出的理論也是以此爲依據。心理學的專家則是直接分析人類的行爲，兩者就像水和火一樣南轅北轍。雙方很難找到共識，時間就這樣一直浪費掉了。

第一本有系統的行為經濟學入門書

——解開人類不理性決策機制的學問

學術界一致認為，行為經濟學這門學問難以統整。但我是在商業界打滾的人，現在重要的客戶請我建立一套系統，我不能說這不可能、我做不到。我找上了耶魯和杜克大學的兩位行為經濟學教授，他們是我過去的研究夥伴。我請他們撥冗詳談三十分鐘。

「奈美香，妳在開玩笑吧？妳要在一週以內，為這門學問建立一套系統？」

經過一番激烈的討論，兩位教授都說這是絕對不可能的事，行爲經濟學至少還要再一百年，才會有比較明確的系統。

對學術界的研究者來說，要建立系統，一定要花時間慢慢統整才行。假設一門學問有一百項理論，那就要一一檢證，才符合學術倫理。簡單說，學術界和商業界的做事態度完全不一樣。這也是行爲經濟學始終缺乏系統的原因。我煩惱了好久，決定放下學術界的顧慮，替商業界統整這一門學問。

要建立系統，得先掌握這一門學問的「本質」。歸根究柢，該怎麼用一句話來說明行爲經濟學呢？這個問題的答案，正是行爲經濟學的「本質」。

誠如前述：

「行爲經濟學是解開人類『不理性決策機制』的學問。」

這就是答案。

圖表6 「行為」是「決策」的結果

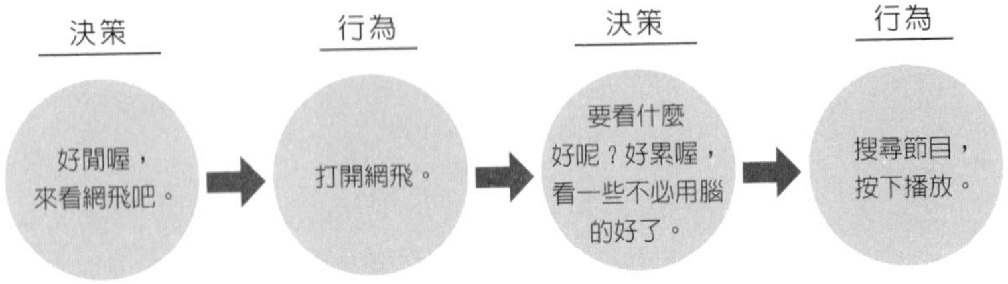

我們再來看一下，爲什麼行爲經濟學會被下這樣的定義。

我在前言說過，行爲經濟學是一門分析人類行爲的學問。尤其人類在經濟體系（或商業體系）中會做出哪些行爲，更是行爲經濟學分析的重點。

「行爲」是「決策」的結果。比方說，你打開網飛想看影片，無論你打開網飛的「行爲」是有意或無意，這個行爲都是「決策」的結果。你打開網飛，想看某一部電影，便按下播放，這個行爲同樣是「決策」的結果。

沒錯，人類的行爲就是一連串決策的結果。爲什麼人類會做出某些決策？解開人類的決策機制，就能了解人類做出某些行爲的原因。所以我在前言才會說，研究行爲經濟學，可以了解行爲背後的原因。「行爲」源自於「決策」，弄清楚決策的機制，就不難理解行爲背後的原因。

講到傳統經濟學的局限時，也提到人類就是一種「不理性」的動物。如果人類眞的是理性的，就不會在忙碌的時候，浪費時間看一些沒意義的影片。所以人類是專做「不理性行爲」的動物，也常做「不理性的決策」。

用各種理論來說明人類「不理性的決策機制」，就是行爲經濟學。關鍵在於，這些都是經過實驗證明的科學理論，因此相當客觀，適用於任何一個人。

——說穿了，生活就是一連串「不理性的決策」

商場上也有很多不理性的行爲。

比方說，某家公司將董事會的會議紀錄郵寄給董事們，請他們簽名用印。光這件事就花了兩週才做好。

於是，公司決定改用「電子簽名軟體」，不但便捷快速，又不會製造垃圾，上網就能確認文件內容，直接簽名。從傳統經濟學的角度來看，這是非常合理的決定。但沒想到，平常很習慣用電腦工作的董事們，竟然反對這個決定。

「有一份文件拿在手上，讀起來比較清楚啊。」

「應該跟過去一樣，留下紙本紀錄才對。」

這就是他們堅持使用紙本文件的原因。

可是，公司引進電子簽名軟體，讓大家上網簽署文件，並沒有造成什麼問題，而且點幾下滑鼠，就能確認、簽署文件，甚至有人感嘆，應該早點引進這一套新方法才對。

董事們反對電子簽名的其中一個理由，就是行為經濟學的「維持現狀偏誤」。況且，人都有「損失迴避」的習性，看事情習慣先看缺點，而不是先看優點。既然以前都是這麼做的，也不認爲未來有必要改變，因此才會做出花錢又浪費時間的不理性決策。

換句話說，改用便捷快速、不會製造垃圾的電子簽名軟體，是理性的決策，這是傳統經濟學的觀點。但問題是，人類受到維持現狀偏誤和損失迴避的影響，寧可墨守成規，沿用紙本文件，這就是行爲經濟學的觀點。

「不理性的決策」造就了「不理性的行爲」，從這個角度來看你會發現，分析不理性的決策機制，可以掌握改變行爲的關鍵。

身爲商業顧問，我的工作就是善用行爲經濟學，分析人類的行爲機制。而我研究的對象，通常是客戶的交易對象，或是他們的員工。客戶需要一種有效的方法，來影響這些生意上的合作夥伴。如果不了解人類的行爲機制，就無法滿足客戶的需求。

這就好比要提升電腦的功能，得先了解電腦的運作機制才行。同樣道理，想改變人類的行爲，也得先了解人類的決策機制，才可能改變其行爲。

——「不理性決策」的三大成因

人類會做出「不理性的決策」，主要有三個原因，分別是「認知習性」「狀況」和「情緒」。因爲有這三大要素，才使得我們無法做出理性的判斷。

圖表7描述本書學習「行爲經濟學」的方法，中心是這一門學問的「本質」，也就是「不理性的決策機制」，周圍是會導致「不理性決策」的三大領域。我把行爲經濟學的龐雜理論，歸納成這三大類別。透過將龐雜的理論分門別類，歸納成「本質」

圖表7　本書的「行為經濟學」學習方法

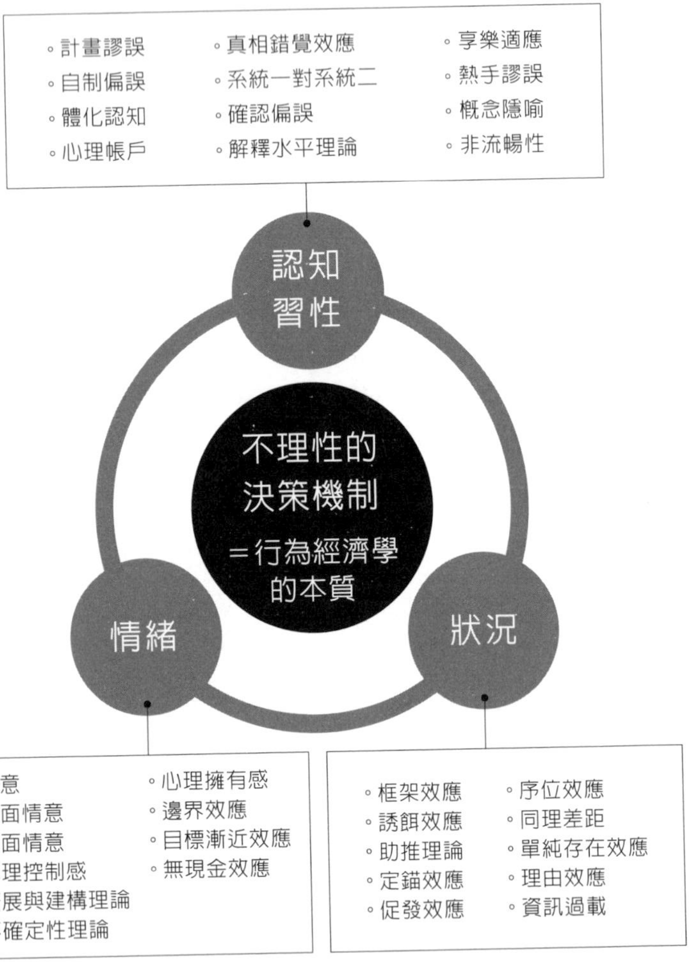

第一本真正有系統的行為經濟學書

和三大領域，這些理論彼此之間也因此產生了關聯。

接下來，我用這張圖表一一說明這三大要素。

要素① 認知習性

第一項要素是「認知習性」。所謂的「認知習性」，是指大腦處理資訊的方式，也就是探討人類如何處理接收到的訊息。

如果人類的大腦可以客觀看待接收到的資訊，那我們就能做出理性的行為。可是，麻煩的地方在於，大腦處理訊息的方式存在某種「偏頗」。因為有「認知習性」，導致我們用不客觀的方式處理訊息，做出不理性的決策。

「認知習性」中最具代表性的理論，就是「系統一對系統二」理論。詳細留待第一章說明，簡單說，系統一是「直覺」，系統二是「邏輯」。人類的大腦在處理訊息時，主要依靠「直覺」和「邏輯」這兩大系統，而且會在不同的情況下使用不同的系統。這就稱爲「系統一對系統二」理論。

當我們使用系統一的時候，大腦會迅速掌握資訊，做出判斷，不會深思熟慮。因此，我們不會一一思考接收到的每一項資訊，而依靠直覺或情緒，僅根據少數的資訊做出「捷思」。捷思又稱爲「認知的捷徑」。

相對的，當我們使用系統二的時候，大腦會花時間好好接收所有資訊，再比照過去經驗進行思考，等徹底分析過資訊之後，再做出判斷。這個系統的關鍵是懂得「深思熟慮」。

順帶一提，「行爲經濟學之父」康納曼以「快思慢想」來強調這兩個系統在思考速度上的落差，同名書籍也賣得非常好。

爲什麼「系統一對系統二」，會造成我們判斷上的「偏差」呢？我們來看一個很有名的實驗，叫「巧克力蛋糕與水果沙拉」。

研究人員將實驗對象分成兩個組別，A組要記住二位數的數字，B組要記住七位數的數字。研究人員告知這是一個「研究記憶力的實驗」，所有實驗對象都很努力背下數字。尤其要記住七位數的B組最辛苦。

「辛苦各位了，雖然實驗尚未結束，但我們準備了一些餐點答謝各位。」

研究人員準備了巧克力蛋糕和水果沙拉。先說結論吧，只需記住二位數的A組，大部分的人都選擇水果沙拉，而要記住七位數的B組，大部分的人都選擇巧克力蛋糕。為什麼會有這樣的差異呢？

因爲A組只需記住二位數，題目較簡單，讓他們有多餘的心力發揮「系統二」深思熟慮。所以，他們做出了「理性的決策」，選擇健康的水果沙拉。

相對的，B組要記下七位數，是不小的負擔，因此，他們只能用「系統一」迅速做出判斷。所以，他們做出了「不理性的決策」，選擇高熱量的巧克力蛋糕。

並不是說「系統二」比較好，「系統一」就完全不好。如果沒有「系統一」迅速做出判斷，我們的大腦會超載，因爲要思考的事情太多了。「系統一」可以減輕大腦的負擔。

問題是，「系統一」經常在不該運作的場合運作，害我們做出錯誤的判斷。換句話說，有些情況適合用「系統一」，有些情況適合用「系統二」。關鍵在於，我們必須知道人類的大腦擁有這兩種系統，才能做出應對。

第一章探討的主題，就是這些跟「認知習性」有關的行為經濟學理論。只要了解客戶、同事、主管，還有你自己的「認知習性」，就能做出理性的決策和行爲。

要素② 狀況

「認知習性」是發生在大腦裡的事情。意思是，大腦本身就有造成「不理性決策」的機制。既然是發生在大腦裡，我們就擺脫不了「認知習性」的影響。各位可以把「認知習性」看成三大要素中最基礎的要素。

然而，人類也會受到外在因素的影響，做出不理性的決策。周遭的「狀況」會嚴重影響我們的判斷。

人類永遠會做出理性的決策，不受到環境影響，這是傳統經濟學的大前提。傳統經濟學的看法是，我們可以按照自己的意志做決定並採取行動，人生掌握在自己的手上。但行爲經濟學的研究顛覆了這些看法。

「人類的決策和行動，都會受到環境和狀況的影響。」

成千上萬的研究結果都證明了這件事，我們以爲自己擁有「自主性」，但其實，這個自主性並不眞實。有時候，我們回過頭看，會懷疑自己當初爲什麼會那樣選擇，覺得那些行爲不像自己會做的事。

這就是因爲，我們並不是靠自主性做判斷，而是配合周遭的狀況做決策，並且在不知不覺中做出「不理性的決策」。換句話說，周遭的「狀況」有任何一絲變化，都會影響我們的決策。

行爲經濟學有一個很知名的理論，叫「選擇架構」，我把這個理論歸類在「狀況」因素中，只要操作外在環境，就能讓對方按照你的意思行動。

比方說，某家餐廳有好幾種套餐，餐廳老闆想多賣一些B套餐，就可以刻意將A套餐的定價訂很高，C套餐則是定價便宜、但賣相不佳。如此一來，消費者自然會選擇B套餐。也就是說，刻意改變選項的「狀況」，就可以讓客人選擇B套餐。

第二章探討的主題，就是這些跟「狀況」有關的行爲經濟學理論。各位讀完之後，會明白自己是怎麼在無意間受到狀況的影響。我們也可以反過來利用這一點，在不知不覺中影響他人的行爲。

要素③ 情緒

人類的決策擺脫不了「認知習性」的影響，非但如此，我們在做判斷的時候，還會受到「狀況」的影響。

除了這兩大要素，最後一個造成我們「不理性決策」的要素是「情緒」。

傳統經濟學將人類視爲理性的存在，不會受到情緒的影響。

可是，各位都有過類似的經驗吧，當我們的承受「不安」的壓力時，很難發揮全力。此外，「憤怒」也會害我們犯下荒唐的錯誤，甚至波及人際關係。如果人類眞的是理性的，照理說，不會受到情緒的影響，隨時都能拿出最好的表現，在商場上也會努力保持良好的人際關係。然而，情緒常常害我們做出不理性的決策，影響到我們的表現和人際關係。

情緒是人類進化過程中的產物。比方說，我們的祖先擔心糧食不夠，因爲有這種「不安」的情緒，才會開始儲備食物。如果沒有「憤怒」的情緒，也無法做好抵抗外敵的準備。

不過，時代不一樣了。這些本來很有用的「情緒」，一部分依然「很有用」，但另一部分則變成了「麻煩的情緒」。

我們該如何善用「有用的情緒」，影響自己和他人呢？又該如何控制「麻煩的情緒」，替我們在商場上帶來優勢？

了解情緒的影響力，能讓我們做出更好的決策，並且活用在商場上。

行爲經濟學還注意到，一些我們自己沒有意識的情緒，雖然不到喜怒哀樂的程度，但這種「細微的情緒」也會影響我們的判斷。

第三章探討的，就是跟「情緒」有關的行爲經濟學理論。人類擺脫不了情緒，我會告訴各位不受情緒影響，做出正確決策的方法，以及人類的情緒如何影響經濟活動。

——各項主要理論終於有了系統

以上三大類別的行爲經濟學理論，涵蓋了影響人類決策的所有要素。有了系統性的認識，就不會發生「空有知識，卻不了解內涵」的問題，能夠帶來深度理解，並培養出實用的「商業素養」。

順帶一提，這三大要素最具影響力的是「認知習性」，其次是「狀況」和「情緒」。誠如前述，「認知習性」就存在於我們的大腦中，會持續造成影響。我們的生活也會發生各種「狀況」。至於「情緒」，只有在情緒起伏的時候才會造成強烈的影響，平時影響並不大，所以跟其他兩大要素相比，造成影響的頻率較低。

不過，也要考慮到「變化的幅度」才行。尤其當我們情緒化的時候，常會做出平時根本不可能做的決定。「情緒」就是變化幅度大的要素。相對的，「認知習性」的影響雖然一直都在，但基本上變化幅度較小，不太容易改變我們決策的習慣。

看到這裡各位也該明白了，實際上這三大類別互有關聯，彼此的關係也錯綜複雜。

比方說，在我們憤怒或難過的時候，「情緒」的影響力最大。在新冠肺炎這種傳染病爆發的極限狀況下，則是「狀況」的影響力最大。當我們疲倦、狀態不佳的時候，決策會受到「認知習性」的影響。在大多數的情況下，這三者會夾雜在一起，發揮不同程度的影響力，這就是人類。

我是研究行爲經濟學的學者，也擔任美國上百家一流企業的顧問，所以從第一章開始，我會從學術和實務層面來解說行爲經濟學的各項理論。

如此一來，各位學到的就不是單純的「知識」。這本書融合了學術界和商業界的優點，希望帶給大家「眞正有用的商業素養」。當我從學術界轉戰商業界的那一刻，這就是我責無旁貸的使命。

序章的重點

- 行為經濟學是一門很新的學問，有三位諾貝爾獎得主。
- 行為經濟學融合了「經濟學」和「心理學」。傳統經濟學將人類視為「理性的存在」，因此有其局限，行為經濟學的誕生打破了這樣的局限。
- 一言以蔽之，行為經濟學這門學問是在分析人類「不理性的決策機制」，能夠了解人類行為背後的原因，並提出有效的對策。
- 以往學習行為經濟學，只能死背片斷的理論，背完一個再背一個，也不懂每一項理論的關聯和脈絡，因此，很多人學過就忘了，不了解這一門學問的本質。
- 本書將影響人類不理性決策的要素，分為「認知習性」「狀況」和「情緒」三大類別，行為經濟學的各項理論都包含在這三大類別中。
- 有了這三大類別，行為經濟學終於有了完整的系統，各項主要理論之間也有了關聯和脈絡。

第 1 章

認知習性

大腦的「認知習性」
會影響我們的決策

第1章的「概要」與「謎題」

人類會做出「不理性決策」主要有三大要素，第一章先來介紹當中的「認知習性」，以及和認知習性有關的理論。

誠如前述，人類的大腦有一種很麻煩的特質，沒辦法客觀分析訊息。

那麼，大腦是如何處理接收到的訊息呢？到底是怎麼樣的「習性」，導致人類做出「不理性的決策」？「認知習性」說穿了就是「大腦處理訊息的方式」。

在進入正文之前，先來了解一下第一章的概要吧。第一章分爲四小節：

1. 認知習性的「根源」是什麼？

大腦處理訊息的方式有好幾種，不只一種。當中主要的思考模式，也就是序章提到的「系統一對系統二」。

第一節先來學習「系統一對系統二」的理論，這是「認知習性」最基本的概念，跟整個行為經濟學都有關聯，請各位一定要確實了解。

2. 系統一會創造「更多的認知習性」

「系統一對系統二」是最基本的認知習性，其中「系統一」會使我們頻繁做出不理性的決策。

最麻煩的是，這不是單一的認知習性，而是跟好幾種不同的認知習性串聯在一起。這裡我們會講到「沉沒成本」「機會成本」「熱手謬誤」等，都是跟「系統一」息息相關的認知習性。

3.「五感」也會產生認知習性

第一節介紹「系統一對系統二」，第二節介紹「系統一創造的認知習性」，這些是人類大腦中的「認知模式」。

事實上，大腦和身體是互有影響的，身體也有「體化認知」，包括視覺、觸覺、聽覺、嗅覺、味覺這五感，還有冷熱之類的感受。一般人都以為是大腦在決定一切，但也會從身體獲得大量的訊息。

當大腦接收到身體的訊息，就會產生某種「認知習性」，我會用行爲經濟學最具代表性的理論來說明。日常生活中的商業行爲也看得到這種現象，有些企業會利用體化認知來擬訂商業策略，好比改變包裝上的商標位置就是一例。

4.「時間」也會產生認知習性

人類是一種很複雜的動物，「時間的流逝」也會影響大腦處理訊息的方式。比方說，「現在的我」和「未來的我」都是自己，但我們不會把這兩者當成同一個存在。所以，即便購買同樣的商品和服務，現在購買和之後購買，也會影響到消費者購買的意願。有些認知習性跟「時間」息息相關。

了解時間對認知的影響，就會知道如何抓住消費者的心，同時你會更懂得利用自己的工作時間，增進工作的效率。

第一章就由這四小節組成。

在正式進入第一章之前，先來看一個跟「認知習性」有關的謎題吧。請仔細思考以下的題目後，再翻到下一頁。

Quiz

棒球和球棒總共賣一美元十美分。
球棒比棒球貴一美元。
請問，兩者分開購買，各是多少錢？

認知習性的「根源」是什麼？

剛才的謎題，相信大家一下就答出來了吧？那麼，有多少人答對呢？其實，答對的人非常少。

「球棒賣一美元，棒球賣十美分。」

如果你直覺認定就是這個答案，那你跟美國一流大學的學生都犯了相同的錯誤。正確答案是「球棒賣一美元五美分，棒球賣五美分」。

其實稍微計算一下，絕對能算出正確答案。但我們習慣用直覺性的系統一作答，直接用一美元十美分減去一美元，得出十美分這個錯誤答案——這便是認知習性導致的不理性決策。

這道謎題的正確名稱是「認知反射測試」，由耶魯大學的行爲經濟學教授沙恩．弗雷德里克構思，我們經常一起參加研討會。要答對這一題，你必須在直覺性的錯誤答案浮現腦海時進行自我檢測，評估那是直覺性的答案，還是經過思考得出的答案。當然，你必須選擇後者才能答對。

弗雷德里克構思了三道類似的題目，成績最高的是麻省理工學院的學生，平均分數是二．一八分（三分算滿分），全部答對的機率是四八％。剩下的學校成績都差不多，普林斯頓大學平均分數是一．六三分，全部答對的機率是二六％。哈佛大學平均分數是一．四三分，全部答對的機率是二〇％。

——大腦的兩大思考模式「系統一對系統二」

大腦在處理訊息時，主要使用兩種思考模式，分別稱爲「系統一」和「系統二」。康納曼把系統一稱爲「快思」，系統二稱爲「慢想」，顧名思義，系統一屬於直覺性的瞬間判斷，系統二屬於深思熟慮的分析判斷。「認知習性」的理論當中，「系統一對系統二」是最基本的理論。

容我稍微岔一下題，我當研究生的時候，很多同學都會忘記到底哪一種是系統一，哪一種是系統二，老實說我也經常忘記。有一次學長告訴我，先來的排第一，因此系統一是直覺，後到的排第二，代表系統二是深思熟慮。聽過這個說法後，我再也不會忘記了，這邊也跟大家分享。

雖然系統一是直覺，但也會活用過去的經驗。比方說，你下午工作昏昏沉沉，想去買一杯咖啡提神，這就是工作經驗養成的決策模式。

但有時候系統一也不見得會活用過去的經驗。比方說，同事點了一杯特調咖啡，問你想喝什麼，你反射性地說：「我也一杯特調咖啡。」這時候你不會想到提神或工作的事，純粹就是跟同事點一樣的東西。

相對的，系統二會集中心智去思考，好比剛才球棒與棒球的謎題，會思考、計算過後再作答，就是系統二的作用。

再打個比方，你下午工作想喝一杯咖啡提神，這是系統一做出的決策。可是，你仔細想了一下，發現自己上午已經喝兩杯咖啡了，喝太多咖啡容易胃痛，所以你決定喝白開水就好。況且，下午跟客戶開會，公司也會準備咖啡。像這樣經過深思熟慮的決策，就是系統二在運作。

系統一直覺判斷你需要喝咖啡提神。反之，系統二考量到你已經喝了兩杯咖啡，而且下午還有其他機會喝到咖啡。系統二做出了全面的考量，還顧及到健康層面，最後決定喝白開水就好——換句話說，系統二可以做出更精密的決策。

各位可能會以爲，系統一和系統二是分開做決策的對吧？事實上，這兩者會在無意間互相影響，甚至同時運作。

這就好像大腦中有黑色和白色兩種顏色，在不同的情況下，兩者的比例會變化，一下變成深灰色，一下變成淺灰色，沒有純黑和純白的狀況……這就是系統一和系統二。

——人類在什麼情況下習慣用系統一？

系統一可說是人類預設的決策系統，但這不代表系統一不如系統二。當然，在計算複雜的數學問題時，我們需要集中心智；但簡單的算術問題不需要仔細計算，一瞬間就能想出答案了，這樣反而比較方便，對吧？要是每件事都需要深思熟慮的話，我們也無法做決策了。

如果你每天早上都要煩惱該吃什麼，那麼有再多時間都不夠用。

「今天早上胃腸狀況怎麼樣？昨天晚上吃日式料理，那今天早上吃麵包吧。可是，這禮拜偷懶沒運動，應該少攝取一點碳水化合物吧？對了，最近天氣不好，早餐要多攝取維他命D才行……」

一早就要煩惱吃什麼、穿什麼，上班該搭什麼交通工具，工作該怎麼處理，整天煩這些問題，我們什麼事都不用做了。所以，很多情況直接交給系統一處理反而有利。

如果所有決策都交給系統二，大腦會超載。系統一不是沒用的廢物，而是人類不可或缺的思考模式。

可是，如果你碰到類似球棒與棒球的謎題，系統一的瞬間判斷往往會造成偏見，讓人做出錯誤的決策。所以，事先知道人類在什麼情況下習慣用系統一，就可以避免誤判。

有研究分析人類使用系統一的時機，總結起來，共有以下六種：

- 疲勞的時候。
- 訊息和選擇過多的時候。
- 時間不夠的時候。
- 缺乏幹勁的時候。
- 訊息過於簡單、過於常見的時候。
- 缺乏精神和意志力的時候。

研究結果顯示，當我們太忙，或是訊息太多的時候，就習慣用系統一做決策。在商場上打滾的人都很忙碌，每天要接觸大量的訊息，換句話說，商業人士很容易缺乏「專注力」，偏偏專注力是系統二運作的必備要素。

另外，有時候我們明明很擅長某項工作，卻不小心出錯，這也是使用系統一造成的。因爲我們認爲那項工作很簡單，根本懶得思考。

「在高度資訊化的社會，人們的關注將成爲貨幣，獲得關注的東西特別有價值。」

這是一九七〇年代的心理學家赫伯特．賽門對注意力經濟學的論述。現代社會正是高度資訊化的社會，我們習慣看社群網站的追蹤人數來衡量一個人的價值，「資訊經濟」指的正是這樣的現象。其實，早在半個世紀以前，就有人點出這個趨勢，而這個趨勢越來越明顯了。

賽門在一九七八年得到諾貝爾經濟學獎。他表示，大量的訊息反而會導致注意力貧乏。許多學者也有同樣的見解。

生活在現代社會，環境導致我們習慣使用系統一做決策。我們自己必須認清這一點才行。

──利用「非流暢性」排除系統一

除了留意系統一的使用時機，另一個排除系統一的方法，就是善用「非流暢性」。

所謂的「流暢性」，是指「平順」的意思，而「非流暢性」正好相反，刻意用「不平順」的方式來發揮系統二的作用。

下面這段文章在我的博士論文裡也出現過，刻意用不方便閱讀的字體打出來，這就是利用非流暢性的手法。

「行爲經濟學在商業活動中有著舉足輕重的地位。本書將這門學問歸納爲認知習性、狀況、情緒三大領域，點出行爲經濟學的本質，達到綜合性的學習效果。此種學習效果有助於理解自我，進而理解同事、主管、客戶。」

像這樣用一般的字體寫出來，大部分人看過就忘了，不會留下印象，這時候是系統一在運作。

可是，刻意改用不好閱讀的字體，結果會如何呢？

「行爲經濟學在商業活動中有著舉足輕重的地位。本書將這門學問歸納爲認知習性、狀況、情緒三大領域，點出行爲經濟學的本質，達到綜合性的學習效果。此種學習效果有助於理解自我，進而理解同事、主管、客戶。」

突然改變字體，妨礙閱讀的流暢性，這吸引了你的注意力，「這裡寫了什麼？」你必須集中精神仔細閱讀才行，這時候系統二就發揮作用了。用這樣的手法，可以讓讀者仔細閱讀文字訊息。

運用非流暢性的技巧時，還必須一併考量前述人類使用系統一的六種時機，否則只會造成反效果，請各位特別留意。

系統一會創造「更多的認知習性」

——看電影的十美元與「心理帳戶」

前面也提過，並不是所有決策都交由系統一或系統二來處理，這兩個系統會同時運作，產生複雜的相互影響。

各位聽到這種說法只會感到困惑吧，畢竟我們無法干預這種運作方式。想要善用「系統一對系統二」的理論，你只需要知道「人類的不理性決策和系統一大有關聯」。

事實上，認知習性是「未經深思熟慮的產物」，很多研究也證明了這一點。我們來看幾個相關的行爲經濟學理論吧。

金錢的價值是固定的，以數字來表示，照理說，我們應該會理性地看待金錢才對。但我們使用金錢的方式，其實也受到認知習性影響。塞勒的「心理帳戶」，就是最具代表性的理論。人類心中自有一套衡量利弊得失的機制，同樣是賺錢和花錢，不同的賺法和花法，在人類心中有完全不一樣的價值。光聽理論不太好理解，我舉個簡單例子說明一下。

康納曼和特沃斯基做過一個很有名的心理帳戶研究，稱爲「看電影的十美元」。實驗中，他們對實驗對象提出下列問題：

「來到電影院，你打開錢包想買票，發現十美元鈔票不見了。請問，你會另外花十美元買票進場嗎？」

八八%的人回答「會」，接下來，他們又問了一個問題：

「你事前花了十美元購買預售票，到了電影院才發現票不見了。請問，你會另外花十美元買票進場嗎？」

這題只有四六%的人回答「會」，半數以上的人都不願意再買票。

這兩個問題，損失的金錢價值都是十美元。不過，同樣損失十美元，弄丟鈔票和弄丟預售票，人們卻採取截然不同的行動。因爲權衡利弊得失的心理機制，對那十美元有完全不一樣的觀感。

換句話說，所謂的「心理帳戶」，其實是人類在無意識的情況下，對於金錢的用途產生了「區別」。就以剛才的實驗爲例，參與實驗的人無意識地認定，要花十美元看電影。

在第一題的情境中，不見的十美元是和看電影無關的十美元。雖然失去十美元依舊帶給他們不小的震撼，但那跟「看電影用的十美元」不是同一筆錢，所以他們願意再花十美元買票進場。

至於第二題弄丟預售票的情境就不一樣了，當人們買下預售票的時候，就已經花了「看電影的十美元」。結果預售票不見了，失去的這十美元屬於「看電影用的十美元」，因此，如果再花十美元買票進場，等於爲同一件事付兩次錢，這就產生了心理上的抗拒感。

理性思考，兩者都是損失十美元，但採取的行動完全不一樣，這是非常不理性的。但人類就是會做出這樣不理性的行爲。

這種心態就好像我們在記帳時，會區分每一筆錢的用途一樣。人類在無意識中，會區分每一筆錢的用途。所以同樣都是花一筆金額相同的錢，兩者卻有不一樣的價値，這就是所謂的心理帳戶。

心理帳戶還有很多例子可講，好比我們每個月領到薪水，會先扣下子女的教育費、房貸、伙食費、零用等等，這種分配生活開銷的方式也會受到心理帳戶的影響。

「這個月伙食費花太多，交際費花比較少……」

像這種情況，理性的做法是，把沒用到的交際費挪來支援伙食開銷，這樣整體開銷就平衡了。交際費花得少，代表在家吃飯的機會多，伙食費才會增加，這也是合理的推論。然而，人在分配金錢的用途時，對於不同的用途會產生認知偏誤。因此，明明工作已經很忙了，卻還是四處逛超市找便宜的食材，試圖將伙食費控制在事前分配的範圍內，結果浪費了大量的時間和勞力。這些不理性的行爲，也是心理帳戶造成的。

另外，當我們得到一筆意外收入的時候，例如政府發放的補貼、年終獎金，或是打掃時意外發現的錢等等，心理帳戶也會讓我們做出不理性的行爲。

如果你想存錢買房子，照理說，就應該把這筆錢存下來才對，但心理帳戶會把這筆錢當成「開心的意外之財」，拿去吃大餐，買一些高級品來犒賞自己，到頭來全都浪費掉了。

我們每個人都有不理性的「心理帳戶」，有這樣的自覺相當重要。

——什麼是「自制偏誤」？

「我也不想多花錢，但還是忍不住手滑訂下去……」

這是一般人網購常有的現象，事實上，我們的自制力比自己想的更薄弱。但我們總以爲自己經得起誘惑，不會敗給一時的衝動。這是一種無法客觀看待自己的認知習性，在行爲經濟學中稱爲「自制偏誤」。

比方說你正在減肥，工作累了一天，下班回家時，順道去超商。你告訴自己，只是來買明天早餐的優格。然而，看著架上的商品，你禁不起誘惑，還是買了啤酒、果汁、油膩的食物。

早上精神好的時候，系統二比較容易發揮作用，意志力也更加堅定，這時候你會告訴自己，買優格就好。可是，當你累了一天，到晚上就容易欺騙自己吃消夜不打緊，這就是自制偏誤。你要是對自己又累又餓的狀況有自覺，就應該拿了優格直接去結帳，不要再多看架上的商品。

換句話說，這是一種「禁不起誘惑，卻不曉得自己禁不起誘惑」的不理性，要解決這個問題，最好的方法就是不要讓自己處在容易受到誘惑的環境中。

如果沒有要買東西，就不要去逛商店。與其靠意志力戰勝誘惑，不如認清自己禁不起誘惑的事實，安排迴避誘惑的方法。

最近，朋友來找我商量一件事，她開始重視健康，想戒掉零食和點心。但令我驚訝的是，她家中有大量的零食和點心。我建議她丟掉那些東西，如果實在想吃的話，身上帶少許的現金，一次買一樣回來吃就好。想戒除某種行爲的時候，替自己增加「一點點的不方便」是相當有效的辦法。例如，想戒掉浪費習慣的人，出門帶提款卡就好，信用卡和手機都不要帶了，如此一來，你每次買東西都得去領錢才行。

美國曾經流行一種省錢方法，就是把信用卡放進冷凍庫裡，和水一起結成冰塊，這樣就沒辦法隨意刷卡了。

我有一個喜歡喝啤酒的朋友，她讓自己不要喝太多的方法，是將啤酒放常溫保存。因爲放進冰箱至少要等兩個小時才會涼，等到不耐煩，自然就不想喝了。各位不妨用這種方式，刻意增加自己的不方便來戰勝誘惑。

——從「沉沒成本」的角度選擇旅行地點

常看商業書的人，一定聽過「沉沒成本」這個詞吧。沉沒成本也是一種不理性的認知偏誤，意思是當我們做某件事情時，就算得不到成果也會持續下去，試圖挽回已經付出的時間、金錢、心力。

比方說，你爲新的企畫案付出了很多心力，就算知道這個企畫案不可行，也無法果斷放棄。你明知道無法挽回，卻還是傻傻地幹到最後……

想要討回付出的成本，是人之常情。人們會沉迷於賭博，也是沉沒成本的作用。因爲已經賠了一筆錢，自然會想投入更多錢，把失去的討回來。

關於沉沒成本有一項年代久遠的研究，在一九八五年由俄亥俄大學的哈爾·艾克斯和凱薩琳·布瑪發表。

他們設定了一個情境，讓實驗對象挑選滑雪旅行的行程。

「你計畫寒假去滑雪旅行，密西根州的行程已經預付了一百美元，威斯康辛州的行程也預付了五十美元。這兩個地方都是知名的滑雪勝地，但威斯康辛州的雪質和設備似乎更勝一籌。」

說明完以後，他們問實驗對象一個問題：

「剛好這兩個行程撞期了，你只能去其中一個，行程取消也拿不回預付的訂金。請問你想去哪一個行程？」

不管選哪一邊，另一邊的訂金都拿不回來。照理說，每個人應該都會選擇更好玩的威斯康辛州，這才是理性的判斷。但沒想到，有五四%的實驗對象，選擇了密西根州。艾克斯和布瑪的結論是，超過一半以上的實驗對象選擇密西根州，是因爲一開始就投入了一百美元，付出的成本比威斯康辛州還要多。實驗結果也印證了沉沒成本的偏誤。

換句話說，人們執著於沉沒成本，反而做出了不理性的決策，選擇去比較不好玩的密西根州。

——注意力經濟當道的時代，你必須知道「機會成本」

像沉沒成本這種明知道繼續下去不會有任何好處，卻還是選擇將錯就錯，也是沒有仔細思考所引發的認知習性。然而，光是了解沉沒成本還不夠，你還必須知道「機會成本」。

沉沒成本不只會害你失去持續投入的時間、金錢、心力，那段時間你原本可以用來做其他更有意義的事情，結果卻做不了，所以說，機會損失才是最大的損失。

持續在失敗的企畫案投注心力，你就沒有時間嘗試新的企畫。把持續投注在失敗企畫案上的人才、心力、預算，改投注在其他的企畫案上，才可能創造新的機會，這就是所謂的「機會成本」。

美國不流行終身雇用制，轉職是常有的事。不過，換工作畢竟是一項重大決定，很多人會來徵詢我的意見。大多數人在老東家付出了很多心力，放不下沉沒成本，也受制於維持現狀偏誤，不敢勇於打破現狀。這時候，我會建議他們好好思考機會成本，不要去看轉職會失去什麼，而是換一個角度，思考不轉職會失去什麼樣的機會。用不同的觀點思考心中掛念的問題。

了解機會成本，你才會知道放棄也是很重要的事。「停損」也是重要的決策之一。

在注意力經濟當道的時代，繁忙的商業人士必須時刻反思，自己的時間和心力到底有沒有用對地方。必須先對自己的認知習性有所自覺，細心反思。從這個角度來看，沉沒成本不只是把心力用錯地方，甚至還會害你失去成功的機會。

——「熱手謬誤」：為何期待選手超越麥可．喬丹？

「熱手謬誤」也是因系統一而產生的認知習性。所謂的熱手謬誤，就是當一個現象連續發生，人們會期待下次也發生同樣的事情。事實上，並沒有證據顯示下次也會發生同樣的事情。這種成見也是一種不理性的決策。

就以籃球比賽為例，兩隊實力勢均力敵，A選手連三次進籃得分，這時，A選手又再一次拿到球，隊友和全場觀眾都期待A選手再進一球。

「A選手一定辦得到！」

所有人都相信著。

系統一會產生這種盲目的信賴，但是，用系統二思考就會發現，從統計學的角度來看，這幾乎是不可能的事。連麥可．喬丹的投籃命中率都只有五成左右，意思是投兩球只會進一球。前三次進籃的機率都是五〇%左右，連三次都進籃得分，也不代表第四次一〇〇%會進。相信數學不好的讀者，也能明白這個道理。

統計學也告訴我們，每次投籃得分的機率並沒有關聯性，近幾次的投籃得分機率，也無法拿來預測下一次的投籃得分機率。換句話說，人們認爲A選手連三次進籃得分，下次一定也會得分，這就是一種認知習性。

偏偏人類就是相信這樣的可能性。

史丹佛大學的特沃斯基和其他學者，實際找上籃球比賽的觀眾，證明這種認知習性的存在。九一%的觀眾認爲，已經多次得分的選手，下次得分的機率比其他選手來得高。六八%的觀眾對罰球也有一樣的看法。同樣的，他們對選手進行調查，發現選手也有類似的看法。

這種認知習性就稱爲「熱手謬誤」，本來是籃球術語，和迷信、占卜、討吉利之類的有異曲同工之處。我們常認定某個人有得天獨厚的才能，這跟「熱手」也是同樣的意思。

商場上也經常可見「熱手謬誤」。假設有個人在商場上功成名就，其他人便相信他下次一定也會成功，就連當事人也對自己的成功不疑有他。

就以出版社爲例，某個編輯連續推出了三本暢銷大作，同事對他另眼相看，他提出的企畫一下就通過，主管和各單位也傾力相助。

至於沒推出過暢銷作品的編輯，即便努力提出企畫，大家也不相信那會大賣，每次開會都被打搶。

眾人的成見其實是熱手謬誤，於是同一家公司內，有人備受禮遇，有人卻遭受冷落。

確實，書會不會大賣，不像投籃一樣有跡可循，或許連續推出暢銷書的編輯，眞的比較有能力，推出暢銷書的機率可能眞的因人而異。

可是，就算優秀的編輯推出暢銷書的機率有六成，其他編輯的機率只有四成好了，下一次優秀編輯推出的企畫，暢銷機率一樣是六成，這意味著有四成的機率不暢銷。反之，只有四成暢銷機率的編輯，說不定下一次就剛好暢銷了。

眾人對優秀編輯抱有期待，甚至產生盲目的信賴，但這種毫無意義的過度期待，反而會造成因循守舊的毛病，人們相信過去成功的人下次也會成功，結果妨礙了其他人成功的機會。所以，我們必須注意熱手謬誤引發的問題。

我主要是想提醒大家，不經思考的盲目期待，可能會讓你做出不理性的決策。關鍵是要善用系統二自我反思，過去的成功經驗是不是產生了認知習性，讓你都用系統一來衡量他人？熱手謬誤是一種不理性的認知習性，商業人士不該因爲這種認知習性，阻礙了自己和其他人成長的機會。

——麥當勞市調失敗的原因

我的工作是擔任企業顧問，教他們如何在商場上應用行爲經濟學。行爲經濟學專門研究「人類（的行爲）」，每家企業運用行爲經濟學的目的也不一樣。

舉個最簡單的例子，大多數企業在推動行銷、宣傳、銷售策略之前，都會先做市調，蒐集相關資料。企業的客戶是「人」，用科學的方式理解「人的行爲」，可以促進商品和服務的銷售。

商場上要面對的「人」，不只有客戶，還有員工。在人事政策中善用行爲經濟學，也有助於提升員工的滿意度。

我從學術界轉戰商業界，認識了許多商業人士，過程中我注意到一個現象。不管是大企業的高階主管還是新興企業的年輕職員，開會時經常搞錯重點。

「爲什麼消費者都不買公司的這項產品？加入這項功能大有好處，加了以後他們一定會掏錢買吧？」

「爲什麼這款應用程式的下載數始終沒起色？是不是價格設定錯了啊？」

諸如此類的問題在各大企業被討論到爛了。那爲什麼我說這些議論搞錯重點呢？因爲這些議論，都只從系統二的角度來思考消費者的行爲。各位不妨回想一下，自己買東西時是怎麼做決策的。消費者實際在購物時，並不會審慎評估商品或服務，大部分情況都是用系統一，沒深入思考就購買。

比方說，有一項商品物美價廉，照理說消費者應該購買那項商品才對，但事實不然，消費者可能會莫名購買其他產品。很多人氣商品的暢銷，根本就沒有一個合理的原因。

同理，消費者下載一款應用程式的時候，並不會認眞比較每一款類似的應用程式，選擇功能最齊全、價格最便宜的來用。通常消費者做決策都不是基於理性，大多數人都是一邊滑著手機，隨興下載一款看起來好像還不錯的應用程式來用。

因此，企業做的市調結果，有可能與現實狀況脫節，不能完全盡信市調的資料，這一點也有實驗證明過了。

實驗找來一群住在宿舍的學生，這些學生平常都在宿舍的餐廳吃飯。研究人員準備了兩個標語，想知道哪種標語效果會比較好。

- 標語一：「天天五蔬果，健康每一天。」
- 標語二：「每天放五樣蔬果在你的餐盤上吧。」

在問卷調查中，學生們都認爲標語一朗朗上口，效果會比較好。如果光看問卷調查，好像標語一眞的比較好。然而，眞正能改善學生飲食習慣的，反而是標語二。標語一也許唸起來朗朗上口，但學生實際在餐廳點餐，腦袋使用系統一的時候，只會想起標語二。

這個實驗告訴我們，企業做市調來決定標語，往往得不到預期的效果。請各位記得，消費者做決策不見得會深思熟慮，他們也說不出自己做出特定行爲的原因。所以深諳行爲經濟學的人，會了解市調有其局限性，在解讀消費者的行爲時，也會考量到消費者做出某些行爲的背景，保留靈活的解釋空間。

許多企業都會利用問卷做市調，但這種手法難以掌握消費者的心理。世界知名的大企業麥當勞也犯了同樣的錯誤。

麥當勞的一大賣點，就是快速提供消費者好吃、油膩的漢堡和薯條。自一九五五年成立第一家加盟連鎖店以來，麥當勞便急速成長。

可是時代變了，近年來，人們越來越重視健康，麥當勞做的市調也得到一樣的結果。很多消費者都說，希望麥當勞有更多健康的菜色。於是，麥當勞提供了消費者想要的東西。二〇一三年，他們的副餐多了沙拉和水果。麥當勞滿足了消費者的需求，也迎合了世界的健康潮流，菜單上的品項更爲多樣。

不料，這個策略反而弄巧成拙。麥當勞花大錢做行銷，但消費者眞正想要的不是「健康的菜色」，而是「油膩的炸物和速食」。

順帶一提，日本麥當勞在二〇〇六年時，也根據市調的結果，推出了健康的沙拉，最終也是以失敗收場。

從行爲經濟學的角度來思考，各位就能明白箇中原因了。前面也提過，人在忙碌或疲勞的時候，多半是靠系統一在做決策。

那麼，消費者去麥當勞的時候，是用哪個系統做決策的呢？日本麥當勞的情況如何我不敢肯定，但美國麥當勞的營收主要來自得來速，換句話說，美國人都是忙碌、疲勞的時候才去麥當勞消費。

也就是說，消費者去麥當勞點餐時，並不會仔細思考健康問題，只會快速掃過菜單，就用「系統一」做決策了。

另一方面，消費者在回答問卷時，用的是哪一個系統？不管是口頭還是手寫回答，他們都會經過思考，用「系統二」作答。當人類使用「系統二」的時候，通常都會說出理想又合乎邏輯的答覆。

因爲有這樣的落差存在，在做問卷調查時，要具備行爲經濟學的知識才行，否則難以掌握消費者的深層心理。消費者買東西通常用系統一做決策，所以，我們在討論商業議題，或是想理解消費者的時候，也要從系統一的觀點來思考，才能彌平認知上的落差。近年來，麥當勞也開始應用行爲經濟學，來了解消費者到底是如何用系統一點餐。

另外，大多數消費者實際購買和使用商品時的狀況，和回答問卷時的狀況並不一樣（關於「狀況」這個因素，我們留到第二章再來談）。

基本上，問卷屬於一種定量調查（將問卷結果數據化，以利資料分析）。定量調查很容易碰到這樣的困境，無法眞正理解消費者購買商品的原因，以及使用商品的狀況。而消費者本身多半也說不出自己購買商品的理由。各位要了解這個前提才行。

定性調查（面對面詳問調查對象），則可以得知更詳細的資訊。然而，我們也不能完全聽信消費者的說詞。

「請問，您爲什麼購買我們公司的產品呢？」

就算消費者稱讚公司的產品精良、設計優美，也可能是當下思考過後的說詞。有的消費者會因爲愛面子，故意說些好像很聰明的評語。也有不少消費者會看調查者的臉色，習慣說些讓對方高興的好聽話。

實際上，消費者買東西，都是用不理性的方式做決策，可能是看當下的心情，或是偶然看到商品出現在眼前，甚至連時間因素都會在無意間造成影響。

因此，不論是開會討論，還是做市調，都要考慮到行爲經濟學，才能深入了解消費者的心理。因爲行爲經濟學就是用科學方法研究人類（消費者）無意識的決策機制（購買商品的理由）。

企業高層往往不能理解市調和現實的落差，明明大多數消費者在問卷中都回答希望吃到健康的菜色，但生菜沙拉卻賣不好，反而是巧克力蛋糕賣得比較好。其實這是很正常的現象，因爲人類的心理和行爲本來就不理性。

——觀察比考察更能理解人心

有鑑於此，當你想深入了解消費者和員工的心理，就該知道，「考察」有局限性。眞正重要的是「觀察」，也就是偷看人們無意間做出來的行爲。

有一種市調手法稱爲「民族誌調查法」，我經常推薦客戶這種「觀察」方法。所謂的民族誌調查法，就是民族學使用的田野調查，方法是深入普通人的生活，了解他們每天的習慣、儀式、飲食、語言、休閒等等。這種如實的觀察方法，可以掌握其行爲模式和文化。如實的觀察，更能深入理解觀察對象的本質，也可以應用在商業活動中。

對每一個消費者做民族誌調查是不可能的，但是在開發主力商品時，不妨用攝影機拍下目標客群的生活型態。

此外，這套方法也能活用在企業管理和人事上。觀察員工上班時的狀況，遠比進行問卷調查更有效。

各位聽過《臥底老闆》這個節目嗎？這個節目在美國很受歡迎，製作單位會找企業老闆喬裝成員工，跟底下的員工一起上班，等於是將民族誌調查法拍成實境秀。很多老闆實際去工廠上班，才發現很多問題光從資料上根本看不出來。一個忙著經營企業的人，無法眞正理解底下的員工在想什麼，光靠問卷資料或人事面談，很難改善這些問題。這也是《臥底老闆》這個節目人氣居高不下的祕密。

位高權重的人特別需要實地觀察，好好了解人類的行爲有多麼不理性，有助於做出正確的決策，找到適合的解決方案。

定量調查可以一次網羅大量資料，適合需要用系統二好好思考再回答問題。像是過去的活動履歷調查，就適合用定量調查。不過，如果你知道人類有認知習性，也想活用這個習性來做行銷的話，就要善用定性調查（訪談）和民族誌調查法，來做綜合性的判斷。當然，現實中大部分的企業都沒有足夠的資源這樣做，所以，該用哪一種調查方法，應該取決於你想知道什麼，而不是哪一種方法比較好。

——利用「得寸進尺法」，在街上貼滿海報！

前面已經告訴各位，該如何運用行為經濟學來了解自己和別人的不理性。其實，行爲經濟學的作用不只如此，這一門學問也教我們交涉的方法。

人類的一切活動都少不了「交涉」，我們每天要進行各種交涉，不是只有商業活動才需要。

比方說，你想請家人幫忙洗碗，請別人支持競選活動，請同事協助工作事項，這些都需要交涉。人際關係是靠委託和同意建立起來的，生活就是一連串的交涉。

具備行爲經濟學的素養，就能靈活應用各種交涉的原理。

這一節來介紹一種認知習性，名爲「得寸進尺法」，意思是拜託別人幫忙，要先從小事開始。

假設你登門拜訪陌生人，一下就要求進門，對方肯定會拒絕。因此，要先想辦法踏進第一步。引申之意是，當你拜託別人幫忙，不要一開始就提出太大的要求，而是先從小的要求開始。

舉例來說，你家的社區管委會打算實施「交通安全宣導活動」，你身爲管委會的一員，必須找其他住戶幫忙。

爲了宣傳活動，你四處拜訪住戶，希望他們在自家窗外張貼宣傳海報，而且是那種大張的海報，讓路人一眼就能看到。

那麼，你會怎麼拜託住戶呢？

突然跑去拜託一個跟你不熟的鄰居，要在他們家窗戶上張貼大型海報，對方肯定不會答應。實際進行這項實驗的喬納森·費里曼，發現只有一六·七％的人願意在自家窗戶上張貼大型海報。

於是，他先印製小張的海報發給住戶，請他們貼在自家窗戶或車子上。小張的海報並不起眼，但還是能喚起人們對交通安全的重視。

兩個禮拜後，他再次拜託住戶，這一次請他們在自家窗戶上張貼大型海報，這次海報的尺寸是原來的兩倍大，結果有七六％的住戶同意幫忙。願意張貼大型海報的住戶，比一開始整整多了快五倍，這就是得寸進尺法的效果。

一開始先提出小小的要求，人們比較容易接納。而且，那些住戶在接受要求之後，都覺得自己是注重交通安全，又樂於助人的好人。

所以兩個禮拜後，費里曼請他們張貼大型海報，那些住戶也同意了。因爲他們想維持自己「注重交通安全，又樂於助人的好人」形象，如果不答應，那就違背了自我形象。

一旦貼上大型海報，就能發揮一致性效應，讓事情繼續進行下去。這些張貼海報的住戶會認爲，既然他們都已經幫忙了，那麼活動一定要成功才行。這就是一種沉沒成本，他們會更積極提供協助。

一開始先拜託小事情，到了最後，對方反而主動幫忙。這就是利用認知習性進行交涉的基本技巧。

當然，你拜託對方的小事情和大事情，必須有某種程度的關聯性，效果會更好。換句話說，假設你一開始請對方張貼交通宣導海報，之後卻要求對方捐款幫助地震受災戶，那麼成功的機率就不高。

——谷歌的用人之道和「確認偏誤」

在這個快速變化的資訊化社會，充斥著各式各樣的訊息，我們有辦法公平處理每一則接收到的訊息嗎？這一節我會告訴各位，人類處理訊息的方式有多麼不理性。

首先來談「確認偏誤」，這也是一種認知習性。當我們有某種先入爲主的觀念時，就會蒐集證據來證明自己是對的。

比方說，你相信自己的計畫會成功，於是你調查過去的資料，看了所有成功的案例，更加確信自己的計畫會成功。你找了一大堆對自己有利的資料，或是自己想看的結果，而且不疑有他，於是決定採取行動。其實，每個人都有確認偏誤。

確認偏誤也會發生在商業活動以外的事情上。例如，你看上某項家電產品，所以在評估購買時只看優點，不看缺點，你只看到它功能強大，卻沒看到耗電量很大的問題。

有些人習慣用血型分析來看待其他人，彷彿每個人的言行都跟血型有關一樣，這也是一種確認偏誤。在美國，很多人連自己是什麼血型都不知道，因此人們也不太相信血型分析這一套。或許，這種確認偏誤在日本比較嚴重吧。

地位越高的人，越應該注意自己有沒有確認偏誤。因爲地位越高的人，距離一般消費者越遙遠，可能會對消費者有錯誤的見解，還專找一些證據來證明自己是對的。而部屬爲了投其所好，也會專找主管想看的資訊。

這些受到確認偏誤影響的「大人物」，到頭來只聽自己想聽的話，變成了一個剛愎自用的人。

另外，企業在面試人才的時候，本來應該看的是求職者的工作能力，但很多面試官純粹是用個人好惡來看待求職者，各種調查結果也證明了這一點。擔任過面試官的人就知道，當你看中一個人時，往往會找理由證明自己是對的。這也是確認偏誤的作用。

人類沒辦法完全消除確認偏誤，而且每個人都有確認偏誤，在這個大前提下，只要懂得反思，時刻檢討自己有沒有受到確認偏誤影響，系統二就會發揮作用，幫助我們做出更好的決策。

擔任谷歌人事主管的拉茲洛·博克，替谷歌設計了一套人事遴選系統，讓谷歌的員工從原本的六千人，增加到現在的六萬人。根據他的說法，他在面試時會安排實作流程，並重視實作的結果，藉此降低確認偏誤的影響。實作流程有一套固定的計分方法，可以做出客觀的評價，減少確認偏誤的發生。

我自己也會安排一些方法，來降低確認偏誤的影響。比方說，當我拿著自己的企畫請部屬提供回饋建議時，一定會先把我的要求說清楚。

「我不是要聽你們拍馬屁，稱讚我的企畫有多棒。我的目標是提升企畫的水準，所以我希望你們提出改良方案。」

此外，在開會時刻意徵求反對意見也是一個好方法。美國人在開會的時候，通常還會安排一位「魔鬼代言人」。魔鬼代言人要刻意提出批判性的意見，讓眾人踴躍議論。也有人在會議上，主動請纓擔任這個唱反調的角色。利用這個方法，可以仔細參詳正反兩方的意見再做決策。

我跟團隊還經常運用「思考練習」來消除確認偏誤。

「這項專案目前預計以A計畫進行，如果換成B計畫，你們認為結果會怎麼樣？」

我會用這樣的方式，讓大家反覆思考正反兩種方案的結果。經過多方模擬之後，就會得出一個比較均衡的方案。

——護膚霜有效可能是「真相錯覺效應」

還有另一種麻煩的認知習性，跟確認偏誤正好相反——有些事情我們原本認為絕對不可能，但在耳聞目染之下，竟然就信以為眞。

比方說，有些小型團隊的主管，整天提倡過時又沒效率的招攬業務手法。

「招攬業務不需要大道理啦！業績是用雙腳跑出來的，你們就多拜訪一些客戶，努力簽約就對了。我以前也是拜訪一百多位客戶，成為公司最頂尖的業務員。」

那位主管的成功經驗，已經是幾十年前的事情了。現在的大樓門禁管制都很嚴格，業務員根本無法挨家挨戶拜訪。這個時代，設計一套網路行銷辦法，員工待在公司，客戶就會自己上門來，這樣無疑更有效率。

不過，部屬整天聽著主管的熱情演說，就眞的相信主管說的是對的，畢竟主管確實有過成功的經驗。這就是所謂的「眞相錯覺效應」，也是我博士論文的主題之一。

眞相錯覺效應最常出現在網路上。如今，網路上充斥著各種假訊息和誇大不實的廣告，在任何國家都是很普遍的現象。

「這罐護膚霜效果驚人！」

這類廣告都有使用前和使用後的照片，照片一看就知道經過加工。起初消費者根本不相信，但同樣的廣告看久了，還眞的以爲護膚霜非常有效。各位應該也有類似的經驗吧？

很多醫學和健康資訊都有眞相錯覺效應的陷阱，對於生活在網路時代的我們來說，這是一個威脅到我們日常生活的大問題。

當你接觸到可疑訊息的時候，要設法辨別眞僞，避免眞相錯覺效應的影響。否則，人很容易相信頻繁接觸到的訊息。

例如，公司多年來盛傳某單位的A同事工作速度很快，後來有人告訴你內情，才知道A不是工作速度快，純粹是做事隨便。可是，「A工作速度很快」和「A工作常出包」這兩項訊息的關聯很快就被大腦遺忘。換句話說，新的訊息不會蓋過舊的訊息，而是被分成兩個不一樣的訊息。兩個訊息被當成無關的兩件事，存放在大腦裡面。

那麼，我們的大腦會先想起哪個訊息呢？耳濡目染的那一個，也就是你一開始聽到的訊息。

各位要了解這種認知習性，一旦聽到可疑訊息，請立刻辨別眞僞，降低認知習性造成的偏見。

日常生活中，也常有這種傳聞與事實不符的話術或行銷手法。時間一久，大腦會把傳聞和事實貼上不同的標籤，各別保管。於是，在大腦中，傳聞就成了事實，所以請各位務必留意。

「五感」也會產生認知習性

——舉世關注的「體化認知」到底是什麼？

前面介紹了大腦的「認知習性」，其實，大腦和身體是互相連動的。大腦不只是身體的司令，同時，身體接收到的訊息，也會轉化爲神經傳導物質，回傳給大腦。所謂的「體化認知」，就是身體回傳訊息到大腦時，所產生的認知習性。

克拉克大學的詹姆士．萊爾德博士曾經做過研究，發現人在不開心、不快樂的情況下，如果刻意裝出笑容，大腦察覺身體在笑，會誤以爲碰到有趣的事情，進而產生快樂的感覺。他在另一個實驗中，讓實驗對象看漫畫。同樣一本漫畫，刻意裝出笑容閱讀，比皺著眉頭閱讀，會覺得內容更有趣。

還有，聽別人說話的時候，就算對方說的話很無聊，只要刻意保持前傾的姿勢聆聽，大腦就會覺得有趣。這也是一種身體的認知習性。

也有研究顯示，身體感到溫暖，心理上也會有溫暖的感覺。比方說，初次拜訪的公司，對方端出熱飲或冷飲來招待，也會影響我們對對方的印象。

端出熱飲，我們會覺得對方很溫暖。反之，如果端出冷飲招待，我們可能會覺得對方是個冷冰冰的人。從這個實驗，可以看出身體和腦部的密切關聯。

像這類的生理感受，會在無意識中形成我們的認知習性。

——「概念隱喻」：展示高級名錶，要擺直的或斜的？

以下有兩個手錶廣告，出自一篇論文，這篇論文主要是想實驗，這兩張廣告照片，哪一張效果更好。

參考資料：Peracchio, L. A., & Meyers-levy, J. (2005). Using stylistic properties of ad pictures to communicate with consumers. Journal of Consumer Research, 32(1), 29-40

在介紹結論之前，也請各位思考看看。哪一張照片在消費者眼中更有魅力？當然，兩隻手錶是一模一樣的，款式相同、模特兒相同，模特兒的姿勢也無二致，同樣都是手插口袋。唯一的差別，是手錶的展示角度。

論文的結論是，左邊照片比較有權威性。換句話說，高級名錶用左邊的照片更有效果。原因是什麼呢？

我們來比較一下兩張照片，左邊的手錶呈「垂直」的展示角度，右邊的手錶呈「傾斜」的展示角度。左邊的照片會帶給消費者「權威」和「高貴」的印象。

看到垂直的物品，我們會在無意識中產生「人中龍鳳」「出人頭地」「優越感」等感受。這種感受，會讓消費者認爲這款手錶一定很高級。另一份調查結果也顯示，垂直的物品暗示著「逆流而上」「堅忍」「強大」的印象。因此，使用左邊的廣告照片，會讓消費者覺得這是一款高級又耐用的名錶。

「垂直擺設」這種具體的呈現方式，暗喻了「人中龍鳳」「出人頭地」「優越感」等抽象概念。

像這樣用具體的事物隱喻抽象的概念，人們會更容易理解，這樣的認知框架就稱爲「概念隱喻」。這也證明隱喻不單是一種修辭技巧或文字遊戲。

如果你想營造出「高級的印象」，就可以採用垂直的呈現方式。反之，如果你希望呈現出比較動感的感覺，就不妨選用右邊這張傾斜角度的照片。

利用概念隱喻的認知習性，可以做出更有效果的視覺呈現。

請看下頁A和B兩瓶水的照片，如果想呈現出「高級感」，應該選哪一種比較好？

答案是A。

參考資料：Van Rompay, T. J. L., & Pruyn, A. T. H.(2011). When visual product features speak the same language:Effects of shape-typeface congruence on brand perception and price expectations. Journal of prouduct innovation management, 28(4), 599-610.

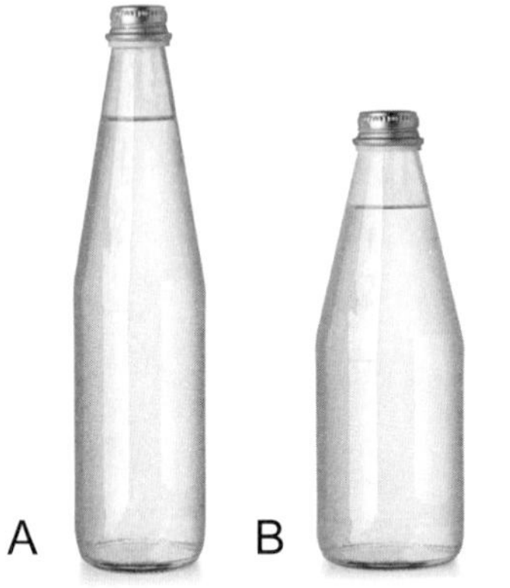

瓶子修長的A會給人高級的印象。B則是給人平易近人又安心的感覺。

我們會在無意識中認定窄而高的東西比較高級，寬而矮的東西則比較平易近人。所以，看到窄而高的物體，我們會直覺感受到「力量」「權威」「高級感」，看到寬而矮的東西則有「平易近人」「安心」的感覺。

這也是利用「窄而高」的具體事物，來隱喻「高級」這種抽象概念，讓人們更容易理解。這就是「概念隱喻」的效果。

——蘋果商標應該擺在上方來滿足「認知流暢性」

在設計商品包裝的時候，商標要放在哪裡，是非常重要的決定。商品的知名度不同，也會影響商標擺放的位置。不同的位置，會給人不一樣的印象。

社會科學家阿帕娜・桑達等人做過一項實驗，發現像蘋果這樣的高知名度品牌，商標擺在偏上方的位置，會比擺在下方更有效果。相對的，比較冷門的品牌，商標就可以擺在偏下方的位置。不光是電子產品如此，大受歡迎的星巴克咖啡，商標擺在偏上方的位置也比較能刺激購買意願。

「高知名度」通常會給人「優秀」的印象，這也是一種「概念隱喻」，利用具體的商標位置來隱喻「優秀」這種抽象概念，讓消費者一眼就感受得到。

有鑑於此，在設計商品或廣告的視覺呈現時，必須考量到「認知流暢性」，這點非常重要。前面說明過「非流暢性」，而所謂的「流暢」，也就是「簡單易懂的認知效果」。

從這種角度來看，「概念隱喻」也是一種增加認知流暢性的手法。看到高矮不同的物品，我們會有不一樣的感受，「高＝力量」「矮＝平易近人」，利用概念隱喻的理論，做出符合「認知流暢性」（簡單易懂）的設計，消費者會更容易接納。

理解消費者的深層心理也是很重要的關鍵。在前述的商標位置實驗中，很有意思的是，當人們覺得自己缺乏影響力的時候，就無法發揮隱喻的效果。就算商標擺在偏上方的位置，無形中呈現出「優越感」「影響力」，但只要人們不認爲自己有影響力，就不會產生認知流暢性，也很難有隱喻的效果。

「A和B兩種設計，您喜歡哪一種？」

幾乎每份市調都會問這樣的問題，但企業在做調查的時候，不要只問消費者的喜好，根據體化認知的習性做驗證也很重要，如此一來，就知道哪種設計更簡單易懂了。各位在進行商業簡報的時候，不妨把這些行爲經濟學的知識當作學術依據。

「時間」也會產生認知習性

「雙曲折現」：未來的你是另一個人？

除了大腦和身體以外，時間造成的認知習性，也會嚴重影響我們的決策。時間的流逝是固定的，每天都是二十四小時，今天和明天的價值應該是一樣的。但因爲人類的認知習性，對時間也有不合邏輯的解釋。

其中，「雙曲折現」是商業人士必須了解的關鍵。誠如前述，人類有所謂的「現時偏誤」，把現在看得比未來更加重要。「雙曲折現」則是另一個矛盾又不理性的習性。

所謂的「雙曲折現」是指，我們在評估即將發生的事情時，連些微的時間差距都會斤斤計較；反之，在評估遙遠的未來時，不會在意時間的差距。有兩個關於金錢的問題，就是相當知名的雙曲折現實驗。

問題一：「今天給你一百美元，跟一個月後你給一百二十美元，你選哪一個？」

大多數的人都選擇「今天拿到一百美元」，這是現時偏誤造成的影響。認知習性會讓我們放棄未來更大的利益，選擇馬上到手的利益。但下一個問題才是雙曲折現的核心。

問題二：「一年後給你一百美元，跟一年一個月後給你一百二十美元，你選哪一個？」

請問各位選哪一個？實驗結果證明，這時，大多數人都願意再多等一個月，好拿到一百二十美元。對大多數來說，「今天和一個月後」有很大的差異，但「一年後和一年一個月後」就沒什麼差異了，明明兩者同樣都是相差一個月。這就是人類對時間的不理性認知。

圖表8　雙曲折現

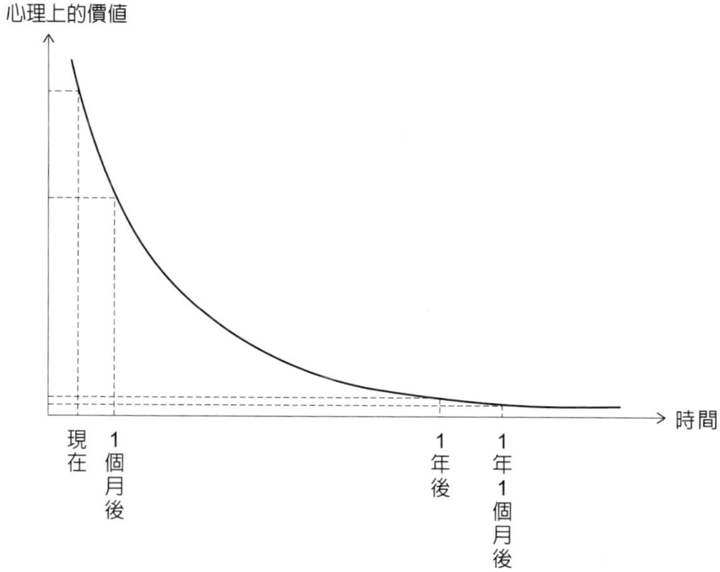

雙曲折現的影響在商場上比比皆是。

比方說，某家企業在考核員工業績時，會將最後考核結果整理成一份Excel。這必須從大量的考核資料中，抽出一部分獨立做成資料，一件一件處理非常麻煩，又容易出錯。

設計一套程式來自動化處理，未來就不用這麼麻煩了。可是，眞到了要考核員工業績的時候，又嫌寫程式太花時間，還是決定按照以往的方式進行。然而，因爲每次都覺得當下的時間很寶貴，寫程式的作業就這麼一次又一次拖延下去。

人類會用不理性的方式看待時間，所以遲遲不肯去做長期來看有益的事情。舉凡人事、會計、財務、總務等管理工作，都經常可見「雙曲折現」的影響。

——數值接近零，還是極大於零？

人會特別計較數值接近零的差距（例如今天和一個月後），至於極大於零的差距（例如一年後和兩年後），反而不太在意。很多研究都證明了這一點，之後會談到的展望理論也是如此。人會在意十元和一百一十元的差距，因爲數值接近零；一萬元和一萬零一百元的差距，反而不太在意，因爲數值極大於零。

相信各位也有類似的經驗吧？去超商買個小東西時，連十元的價差都很在意，但要買高價商品來犒賞自己時，完全不會在意那點小錢的差距。

人類對於數值接近零的差距特別敏感，主要是因爲我們在日常生活中，經常接觸這種小額的物品，因此，只要有一點點價差，我們都感受得到。另一方面，極高額的東西，我們比較少接觸，對於價差也就不會有強烈的感受。

我們常買一百到一千元的東西，一萬元以上的東西不會每天買。這種日常生活的經驗累積下來，讓我們對金額的差距有不一樣的感受。尼克．查德和戈登．布朗等人，在二〇〇六年發表了抽象決策理論，也證實了這一點。

我想把這項理論應用在人道支援上，於是找克里斯．奧利沃拉一起做研究，當年他是普林斯頓大學的博士班研究生，目前在卡內基美隆大學擔任教授。我們挑選日本、美國、印度、印尼這四個國家，想知道大眾在看待人命時，對於「接近零和極大於零的數字」是否也會有不一樣的認知。

實驗結果證明，若死亡人數只有一、兩人的時候，人們會有強烈的直覺感受。反之，死亡人數攀升到四十人和四十一人的時候，人們對這之間的差距，感受性就變得比較低，而且四個國家的人都有這種傾向。

這跟道德的好壞無關，因此，我們在思考人道支援和人命關天的政策時，必須考量到這個問題。

有趣的是，這項研究也讓我們了解到不同的國情差異。像日本和美國這類基礎建設較完善的國家，大規模的公安事故和天災傷亡較少，人民對於數值極大於零的死亡人數的差距，無形中感受性也比較低。這些國家的人民比較常在新聞上接觸到少數人死亡的訊息，對於數值接近零的死亡人數的差距，感受也特別大。

另一方面，印度和印尼的基礎建設和安全政策較不完善，大規模的公安事故和天災傷亡較多，人民對於數值極大於零的死亡人數的差距，感受性也相對較高。這也無關人民的道德良知，但不同的感受，會影響到各國的政策和人道支援方式，因此，事先了解這個問題很重要。

以不同的國家為研究對象，也讓我們了解到，認知習性具有普遍性與共通性，但不同國家又多少有一些差異存在，這值得我們注意。

——夏威夷旅遊企畫和「解釋水平理論」

了解時間對消費者的認知習性會造成何種影響，就可以在正確的時間點提供適當的訊息給消費者。

比方說，假設航空公司要企畫一個包含食宿的夏威夷旅遊，一般人都以爲，夏威夷旅遊一定主打碧海藍天和悠閒氛圍，但要是時間點錯了，就會造成反效果。我們必須了解時間因素造成的認知習性「解釋水平理論」，在不同的時間點，主打不同的企畫重點。

好比先前談到的現時偏誤，基本上，人比較在意「當下」，會從「實際又具體的角度」來思考當下的事情。至於一個禮拜後、一個月後、一年後的狀況，就難以具體地思考了。這就是所謂的「解釋水平理論」。

就以夏威夷旅遊來說好了，假設消費者心中有一個長遠的計畫，想在明年的暑假去夏威夷旅遊。這種情況下，消費者只會想到抽象的概念，好比夏威夷的碧海藍天，以及悠閒的街景等等。

不過，到了快要出國的前一刻，消費者會開始思考具體的問題，好比該如何從機場前往飯店、飯店有沒有浴缸、航空公司有沒有其他優惠等等。

換句話說，如果旅遊時間是在較長遠的以後，那麼，主打美好願景（抽象）的宣傳方式，效果會比較好。如果是馬上成行的旅遊企畫，那麼，最好要有具體的資訊提供給消費者參考，否則很難吸引到人。事先了解這個道理，就能採用不一樣的宣傳計畫。

──長時間的專案與「計畫謬誤」

前面我們學習了時間造成的認知習性，其實，商業人士最擔心的是時間管理的問題，老實說我也一樣。經營顧問公司，客戶上門來，我們會告知客戶執行一項專案所需的時間和費用，這也是顧問公司做生意的方式。因此，爲了在時限內完成專案，我們平日就很在意「計畫」。當然，行爲經濟學的理論這時也能派上用場。

首先，要了解「計畫謬誤」。有研究指出，許多計畫會失敗，都是因爲低估了所需的時間和費用。像這樣遺憾的例子比比皆是。

人類有所謂的「樂觀偏誤」，安排計畫的時候總是太樂觀，再加上「解釋水平理論」的影響，我們對於計畫中的未來往往只有模糊的想像。

舉個極端一點的例子。假設執行一項專案預估需要花費兩百四十個小時，死線定在下個月，這樣每天只要花八個小時，努力一下就行，並不會太難。有些人可能會這麼以爲，但其實，這是非常不切實際的計畫。

從現實層面來考量，我們不可能每天花八小時在同一個專案上，但樂觀偏誤會讓我們以爲自己辦得到。而且，又因爲「解釋水平理論」，我們對於未來只有抽象的看法，「好像努力一下就行……」這就陷入了計畫謬誤的困境中。

我個人採用的預防方法是，不要預估整個專案所需的時間，而是先將專案分成好幾個階段性任務，再評估各階段需要的時間。

「先將專案分成五個階段性任務，各階段和整體的執行時間應該怎麼評估比較恰當？」

接下來，我會具體評估更細的項目，好比：開會要花多少時間？調查要花多少時間？對客戶說明又要花多少時間？顧問說穿了就是「販賣時間的生意」，好在我了解行爲經濟學和認知習性的問題，才能事先做好因應對策。

根據羅傑·布勒等人的研究，預估最糟糕的情況會花多少時間，會比預估樂觀的情況，更接近最後實際花費的時間。然而，即便預估最糟糕的情況，還是比實際花費的時間少了一〇%左右，這也代表人們的「計畫謬誤」有多麼嚴重。

──無論碰到好事或壞事，「享樂適應」都會立刻發揮作用

了解「享樂適應」理論，對於時間管理也大有幫助。

所謂的享樂適應，是指人類不管碰到好事或壞事，感受到的幸福程度都會一再回歸到基準線。

好比你買了一輛新車，或是在職場上升遷，結交了新的伴侶，這些好事一開始會讓你很開心，但幸福的感受很快就過去了，對吧？

這就是享樂適應。當我們一直處在幸福的感受中，幸福感會慢慢回歸到一定的程度。人是一種很容易習慣的動物。

所以，從行爲經濟學的角度來看，快樂的事情一口氣做完反而不好。假如你眞的買了一輛新車，心情正好的時候，立刻去兜風幾個小時，幸福感也會在結束之後很快

就消失。

用分段享受的方式，等到週末再去兜風一個小時，幸福感會持續更久。

不過，這跟時間管理有什麼關係呢？

其實，負面情緒也有類似享樂適應的作用。換句話說，人不只容易適應正面情緒，也很容易適應負面情緒。

當你碰到討厭的工作，一定會頻頻停下來休息吧。然而，當碰到討厭的工作、產生負面情緒時，一次做完這些事反而比較好。

原因在於，我們會漸漸習慣負面情緒，慢慢不再覺得討厭。

反之，如果把討厭的工作分成好幾次做完，你很難適應那種討厭的感受。每次都得重新面對負面情緒，所以你會繼續拖拖拉拉，就算開始處理，討厭的情緒依然存在，進度很容易停擺。

因此，碰到討厭的工作，更應該一口氣處理完，從行爲經濟學的角度來看，這才是最理性的做法。

這個道理可以應用在管理上。當你交代部屬做麻煩的工作，一定要設定期限，讓他們一口氣處理完。至於快樂的工作，或是榮譽假之類的獎勵，就可以用分段的方式給予，提升部屬的心理滿足感。了解人類對時間的認知習性，就可以做到有效率的管理。

——多倫多大學研究「期間捷思」

如何善用時間，有效完成工作，是商業人士一直以來的重要課題。現代社會很看重生產性，大家一定要好好利用行爲經濟學的理論。

不過，如果了解人類還有「期間捷思」（Duration Heuristic）這種認知習性，就會知道有一些工作多花點時間處理反而比較好。

Duration是「期間」或「持續時間」的意思，Heuristic則是一種直覺性、瞬間性做出判斷的認知習性，類似「系統一」。「期間捷思」的意思就是，有時候比起提供的服務內容，消費者更看重你花了多少時間提供服務。

舉個具體的例子，某天你沒帶鑰匙就出門，被鎖在公寓外面，其他家人也剛好不在，你一點辦法也沒有，不得已只好請專業鎖匠前來開鎖。專業鎖匠一出手，只消三分鐘便開鎖了，卻要收你兩萬日元。

請問，這時候你會怎麼想？相信大部分人都覺得，才三分鐘就要我付兩萬日元？

可是，仔細想想，按理說，不管開鎖的時間長短，你都使用了開鎖的服務。然而，你卻因爲開鎖的時間長短而影響你的看法，這是很不理性的。這就是期間捷思。

多倫多大學的迪利普．梭曼教授很照顧我，他的團隊曾經做過實驗，發現比起快速開鎖，鎖匠多花點時間開鎖，人們反而覺得更有價值。如果眞講求效率的話，大家應該比較喜歡快速開鎖才是，這證明了人的不理性。

期間捷思人人都有，不要試圖消除它，想辦法避開或利用期間捷思，才是比較聰明的做法。如果你是消費者，應該告訴自己，會覺得吃虧是受期限捷思的影響，眞正重要的是結果。

反之，如果你是提供服務的一方，要明白消費者都有這樣的認知習性，必要時調整服務的時間。有時候多花點時間提供服務，可以讓消費者覺得錢花得更有價值。

我剛開始從事顧問工作的時候，也碰過類似的狀況。一般來說，一項專案都要花上百個小時來執行，耗費大量的時間和人力。但少數情況下，也有那種馬上就能解決的案子，像這一章介紹的商標配置就是如此，只要根據行爲經濟學的理論，就能迅速處理好。以前碰到像這樣的案子時，我都會立刻寫好報告，提交給客戶。

不料，客戶卻向我抱怨：「既然問題這麼快就輕鬆解決了，費用能不能算便宜一點？」

我的確沒花多少時間就完成了報告，但我求學和創業都耗費了莫大的時間和心力，平常也努力吸收最新的文獻，才能迅速解決客戶的問題。問題是，這就跟開鎖的案例一樣，一般消費者無法理解專業的價值。

碰到這種情況，不要急著提供解決方案，多花點時間，向客戶詳細說明你是如何得出這個結論，背後有什麼理論依據，書面報告也要盡可能詳盡。全部說明完之後，再提出解決方案，這樣客戶才會相信你有認眞解決他的問題。

這個道理也適用於緊急的工作上。前幾天，某家企業的執行長打電話給我，原來之前的商品開發案碰到了新的問題，想徵詢我的意見。像這種情況，必須立刻給出答案才行。

我剛踏入這一行的時候，害怕占用客戶寶貴的時間，只想著快點解決問題，每次都直接說出結論。

現在有了足夠的經驗，我會說出自己推導的過程，讓客戶知道，根據過去的訊息和行爲經濟學的理論，經過多方推敲，得出什麼樣的結論。

客戶突然打電話來徵求意見，一開始先花點時間說明，也是在替自己爭取思考和歸納的時間，堪稱一石二鳥的好方法。

不光是面對消費者，跟同事交流也一樣。比方說，部屬要招待客戶吃飯，但不曉得該邀請多少人參加才好，寫信徵詢你的意見。部屬對此感到很困擾，而你有足夠的經驗，可以馬上解決他的問題。多數人碰到這種情況，會用最簡潔易懂的方式，直接告訴部屬該怎麼做。不過，太過簡短的答覆，可能會讓部屬覺得你不夠重視他。像這種情況，應該多花一點時間說明你的依據是什麼。部屬感受到你的重視，滿意度自然上升。詳細的說明，也是在教育部屬，以後他再遇到同樣的問題，就知道該怎麼做了。

第1章的重點

- 「系統一對系統二」是造成「認知習性」的基本要素。系統一屬於直覺性的瞬間判斷，又稱為「快思」；系統二屬於深思熟慮的判斷，又稱為「慢想」。
- 系統二不見得比系統一更好，但只用系統一判斷，往往會做出錯誤的決策。我們必須有所警覺。
- 系統一會引發更多的認知習性，最具代表性的有「沉沒成本」「機會成本」「熱手謬誤」等等。
- 「五感」也會造成認知習性，大腦接收到身體傳送的訊息時，也會產生某種「習性」，了解這些習性很重要。最具代表性的理論是「概念隱喻」。
- 「時間」也會造成認知習性。比方說，你在傳遞訊息時，這件事對對方來說是「現在」的事或「未來」的事，兩者該傳遞的訊息重點不一樣。最具代表性的理論有「雙曲貼現」「解釋水平理論」「期間捷思」等等。

第 2 章

狀況

周圍的「狀況」
會影響我們的決策

人類會做出「不理性的決策」，主要受到三種因素影響，接下來要介紹三大因素中的「狀況」，以及和狀況有關的理論。

我們每天會做很多決策，而且許多決策都是在無意識中做出的。

- 三餐要吃什麼？
- 出門要穿什麼？
- 採買要買什麼？
- 要找誰一起出去玩？
- 要選擇怎樣的工作和職涯？

劍橋大學的芭芭拉·薩哈金教授指出，人類每天最多會做三萬五千次決策。

我們每天在腦海裡做出無數的決策。你是不是以爲，我們所做的決策都是出於自由意志？

有很多研究結果推翻了這項常識。比方說，買東西的時候，在沒有旁人的情況下，我們會挑選便宜的商品，但只要有一個人在旁邊，就會無意識地挑選貴的。而且所謂的旁人，還不是認識的人，只是個陌生人。

這背後有著「單純存在效應」的理論，後文還會詳細介紹。除了這項理論以外，很多理論也證實了周圍的「狀況」確實會影響我們做決定。

這一章，我們從行爲經濟學的相關理論來了解「狀況」如何影響決策。

在進入正文之前，先來掌握第二章的全貌。第二章主要分爲以下五小節：

1. 狀況會「影響我們做決定」

本書提到的狀況，是指「大腦以外」的其他因素，舉凡天氣好壞、身旁是否有其他人、物品或人物的位置、順序等等，這些都屬於「狀況」，會讓我們做出不理性的決策。

很多你意想不到的事，都會影響決策。第一節我們先學習相關的研究和理論，了解本章的大前提「狀況會影響我們做決定」。

2.「過多的資訊」會擾亂我們做判斷

會影響我們做決策的「狀況」，也包含「資訊」。

這是個資訊過剩的時代，過多的資訊是導致人類做出不理性決策的一大因素。

傳統經濟學的觀念認為，資訊越多越好。不過，那是因為以前資訊太少。打個比方，以前我們認為食物越多越好，但現在我們認為，吃得多，不如吃得好。

現代社會訊息過多，反而會造成誤判。我會舉實際的例子來說明，過多的資訊如何影響經濟和企業。

3.「選項太多」反而無法抉擇

第二節講「資訊」，這一節延伸探討「選項」會如何影響我們的決策。

這時代「資訊」和「選項」太多了，傳統經濟學的觀點認為，選項越多越好（可以選出最好的）。但我們實際面臨的狀況並非如此。事實上，選項太多反而害我們難以抉擇，甚至不曉得自己抉擇的依據是什麼，這些都是不理性的。

這一節我會說明選項太多的壞處，同時告訴各位，如何安排選項來影響消費者。

4. 提示資訊的「方式」會影響我們的判斷

接下來，我會帶領各位剖析全球的大企業如何利用「狀況」帶來商業上的成果。舉凡背景音樂的安排、菜單的設計、提供資訊的先後順序都有講究。這一節會介紹行爲經濟學最具代表性的研究與實例，各位不妨活用在自己的工作上。

因爲人類的決策會受到狀況影響，我們應該反過來利用這個習性。

5. 改變「時機」，也會影響我們的判斷

第四節介紹提示資訊的「方式」，第五節再多加一項「時機」。改變提示資訊的「方式」和「時機」，就能影響人們的決策。已經有研究和理論證明了「時機」對決策的影響力，我會加以介紹。

在實際進入本章之前，先來挑戰一下跟「狀況」有關的謎題吧。

Quiz

- 圖表9的兩條橫線，哪一條比較長？
- 圖表10的文字怎麼唸？

圖表9

圖表10

狀況會「影響我們做決定」

人類的決策和行爲，會受到當下的環境和狀況影響——前面兩道謎題，便是這句話的縮影。

大部分人都認爲圖表9右邊的橫線比較長，但其實兩條線一樣長。明明一樣長，但受到兩端斜線影響，看起來好像不一樣了。我自己在校對的時候，眞的有拿尺量過兩條橫線的長度。

至於圖表10，右邊的文字大部分的人都唸成「A、B、C」，左邊都唸成「12、13、14」。不過，請各位仔細看，其實兩邊中間的文字都是一樣的。明明中間的文字一樣，卻因爲兩旁的文字不相同，你就把右邊看成了「B」，把左邊看成了「13」。

由此可見，人類很容易受到「狀況」的影響，改變決策和行爲。

「人類的決策往往取決於當下的狀況，而非自主性。」

聽我這樣講，各位可能會覺得奇怪，難道自由意志不存在嗎？其實很多研究都證實了這一點。

——天氣也會影響升學的抉擇？

「今天天氣不錯，眞是神清氣爽的一天。」

很多人看到晴天就開心，看到陰雨綿綿就憂鬱。其他學術領域的研究也證實，氣壓的變化會影響自律神經，日照時間會改變人體的賀爾蒙分泌量。

天氣也是「大腦以外」的因素，行爲經濟學關注的重點是，天氣究竟會如何影響人們的決策。

西班牙拉曼大學的尤利．西蒙森做過一項調查，發現人們在做升學這樣的重大決策時，很大程度會受到天氣的影響。

日本的大學入學考多半只看筆試成績，美國的入學考則會評比高中時代的學業成績，外加體育、音樂、義工服務等課外活動，連同推薦函也會納入考量。

尤其美國的觀念認爲，是學生挑大學，不是大學挑學生，所以他們很重視開放式的學習環境。美國的學生會實際去拜訪教授，視察宿舍、咖啡廳等校園設施，再來決定要念哪一所學校，聽說現在日本學生也會這麼做了。

當然，無論選擇哪一所學校，都不能代表人生，但這無疑仍是一個重要的人生關卡。

然而，行爲經濟學的研究發現，人們最後會選擇陰天時去參觀的學校。如果最後選的是晴天時去參觀的大學，那還可以理解，但偏偏大家是選的是陰天時去參觀的學校，人類的心理實在很有趣。

這背後的原因是，我們很容易將情緒和天氣連結在一起。比方說，你在陰天時去拜訪奧勒岡大學（實際上我以前是晴天去拜訪的），覺得學校不怎麼樣，你會認爲那一定是因爲天氣不好的關係，奧勒岡一定是更好的大學，這麼一來，反而給予過高的評價。

研究結果也顯示，人們在陰天時去拜訪校園，相較於校園漂亮與否這些表面上的要素，會給予實質性的要素過高的評價，好比稱讚課程安排很好等等。這也證明了「狀況」確實會改變我們的判斷。

就連選擇哪一所學校這種人生大事，我們都無法理性選擇了，相信各位也明白，「狀況」對決策有多大的影響力。

──「序位效應」：五五％的人選第一款紅酒的原因

畢業後找工作，也是人生的一大關卡，重要性不下於升學，而狀況同樣會影響我們找工作的決策。

假設有一份競爭性很高的工作，共有十名學生要依序接受面試，倘若你也是其中之一，面試官給你選擇的機會，你希望自己是第幾個面試的？

如果你覺得選中間順位比較安全，那你大概得不到這份工作。不光是求職面試如此，當你和好幾家企業輪流做簡報以競標一個案子，或是和其他演員一起參加試鏡，「第一個」和「最後一個」都比較容易雀屏中選。

要說明這個結果，得先了解幾個理論才行。

首先是本節的標題「序位效應」。所謂的序位效應是指，人類在記憶好幾項資訊時，資訊的「順序」會影響記憶的程度。對於參與面試的人來說，面試只有一次機會，但對面試官來說，他要面試好幾個人，因此，必須在面試官腦海中留下印象才行，而且必須是「好印象」。

會影響人類印象的，有「初始效應」和「新近效應」這兩大理論。

「初始效應」是指，最先獲得的資訊會在腦海中留下深刻的印象，進而造成深遠的影響。這是美國心理學家所羅門．艾許提出的理論。

至於「新近效應」是指，最後獲得的資訊會對決策造成重大的影響。這是德國心理學家赫爾曼．艾賓豪斯提出的理論，但發揚的人是所羅門．艾許。

資訊的「順序」會改變我們記憶的程度，這就是所謂的「序位效應」。又因爲「初始效應」和「新近效應」，我們比較容易記得最初和最後的資訊。

聽我這樣講，各位或許只覺得好像有這麼一回事，但深入了解「初始效應」和「新近效應」，有了行爲經濟學的理論基礎，你才會知道人在面臨重大的決策時，很可能受到狀況的影響。

假設你擔任面試官，負責審核社會新鮮人。你覺得某個新鮮人的第一印象和談吐不錯，看著他的履歷表，你決定雇用他。你可能以爲這個決定是出於自己的意志，但其實，第一個和最後一個參加面試的人，通常評價都比較高。

因爲我們都可能依照當下的狀況，決定要雇用誰，而這不一定是自己的意志。所以，在考慮雇用第一個和最後一個面試者之前，請先反思一下，自己有沒有受到狀況的影響。

此外，參加各種選拔的時候，你也可以從行爲經濟學的角度，善用序位效應。比方說公司內部開會，五個同事輪流上台簡報。如果有機會選擇上台順位，建議你選擇第一個或最後一個。

那麼，第一個和最後一個，哪一個比較好呢？

倘若開完會之後，主管們會在當天討論出一個結果，那你應該選最後一個，也就是利用「新近效應」。反之，倘若開完會之後，主管們回去各自檢討，過幾天再做決定的話，那你應該選第一個，也就是利用「初始效應」。因爲時間一久，新近效應的效果會減弱。

當你想迴避某件事情的時候，也可以利用序位效應。

舉例來說，你的公司要組織居家辦公團隊，團隊成員以面談的方式遴選。你不想加入居家辦公團隊，那你應該選擇最不容易留下印象的面談順位，避開第一個和最後一個，選擇中間不起眼的順位，這才符合行為經濟學的理論。

序位效應不只適用於職場，也有文獻指出，序位效應會影響消費者的選擇。某項實驗以調查紅酒的名義，安排了三杯紅酒請實驗對象試喝。其實，那三杯紅酒都是同一種紅酒。

試喝完以後，再問他們覺得哪杯紅酒最好喝。五五%的人都回答第一杯最好喝。這就是顯著的「初始效應」，半數以上的人都選擇一開始喝的紅酒。至於選擇第二杯和第三杯的人，比例都差不多（都差不多都是二五%）。不只是缺乏紅酒知識的人如此，連熟悉紅酒的人也有類似的傾向。

——五美元電池和「單純存在效應」

「有旁人在場」也屬於一種狀況。有實驗指出，有人在我們身旁，也會影響我們的決策。

實驗內容如下，給實驗對象每人五美元，讓他們去零售店買一組電池回來，剩下的錢他們可以留著。換句話說，買的電池越便宜，拿到的錢就越多。零售店中也會安插研究團隊的人充當消費者。

結果發現了一個有趣的現象，當賣電池的地方沒有其他消費者（研究團隊的暗樁）在場時，只有三三％的人會買最貴的電池。有另外一名消費者在場的情況下，有四二％的人會買最貴的電池，增加了大約一〇％。有另外三名消費者在場的情況下，有六三％的人會買最貴的電池，整整占了一半以上。

對參與實驗的人來說，身旁的人只是素昧平生的消費者，而且那些人也沒有盯著自己，或是對他們攀談。那些人就只是待在現場，像背景一樣，沒想到這點程度的差異也會改變人的行爲。這又稱爲「單純存在效應」，也證實了人很容易受到旁人的影響。

而且，參與實驗的人完全不覺得自己有受到旁人的影響。有旁人在場的狀況，會在無意間影響我們的決策。就算你問那些實驗對象，爲什麼要買比較貴的電池，他們也只會回答你，買貴的電池，電力比較持久。

這不是謊話，也不是虛榮心作祟，他們是眞心這麼想。這個實驗也印證了第一章提到的，要做出精確的市調並不容易。

——二十美元的星巴克禮券和「過度辯證效應」

「我正在做自己夢寐以求的工作，可是完全提不起幹勁。」

照理說，有機會做自己喜歡的工作，應該更有幹勁才對。然而，把興趣當成工作，結果反而失去幹勁。這也證明了人類並不理性，所以才會發生這種現象。

其實，旁人造就的「狀況」，也會影響到我們的幹勁。最具代表性的理論就是「過度辯證效應」。

所謂的過度辯證效應是指，我們本來依靠內在動機去做一件事，然而，一旦獲得金錢報酬或其他外在動機時，反而失去幹勁。

打個比方，A先生的興趣是編輯動畫，他也常利用這項技術幫忙同事。編輯動畫是他的興趣，又能幫上大家的忙，因此他加班也沒申請加班費。主管知道這件事以後，決定支付他一筆特別津貼。

多了這筆錢，A先生一開始也很高興。但沒想到，過了幾個月，他越來越討厭這項工作了。

這項工作本來是出於興趣和好意而做的，這是發自內心的內在動機，沒有夾雜其他念頭。

「特別津貼」則是外人賦予的外在動機。換句話說，自己喜歡做的事情，變成爲了酬勞不得不做的事情。過去幫忙並非強制性的，自己有空再做就好，但現在主管要他拿錢辦事，就變成了一種義務和壓力。

來談一下我個人的經歷好了。我剛出社會的時候，有一次要在工商團體的聚會上發表演說，我耗費了莫大的時間和心力做準備。因爲我之前都在學術界，現在終於有機會對企業人士發表演說，我很重視那個機會，所以我滿腔熱忱，努力做到盡善盡美，即便沒有報酬也在所不惜。

演說結束後，主辦單位表示很喜歡我的演說，還給了我一個信封，說是謝禮。信封裡裝著價值二十美元的星巴克禮券，我到現在還記得自己當下有多失望，那種感覺就好像我的演說只值二十美元一樣。

要獎勵一個發自內心努力的人，只能用言語和態度表達，否則會破壞幹勁。具體告訴對方，他的努力有哪些幫助。以剛才的動畫編輯爲例，你要讓對方知道他幫了大忙，請他喝杯咖啡。

這杯咖啡並不是報酬，而是你表達謝意的行爲和態度。

其實我的故事還有後續，那場演說結束後，主辦單位做了問卷調查，與會人士都說我的演說遠比其他演說更有內容。對我來說，這才是最棒的「報酬」，星巴克禮券根本比不上。然而，我一直到隔年的聚會才知道這件事。總之，這件事讓我深刻體驗到行爲經濟學的影響力。

「過多的資訊」會擾亂我們的判斷

狀況會如何影響我們的決策，相信大家也都明白了。接下來，在所有的「狀況」因素中，我們來聚焦探討「資訊」這一項因素。

這是一個資訊爆炸的時代，大量的資訊反而害我們做出不理性的決策。生活在這個資訊社會，我們需要學習很多東西。

──微軟揭發「員工效率下降」的驚人真相

每個商業人士都想提高專注力，善用有限的時間，做出正確的決策。

大家都想排除破壞專注力的因素，但在現實生活中，我們往往處於無法專注的狀況。因爲資訊太多，導致人類做出不理性的行爲，行爲經濟學稱之爲「資訊過載」。

那麼，「資訊過載」到底害我們做了多少不理性的行爲？我們就來探討一下。

一般人每天大概接收多少封電子郵件？

最近的調查顯示，像資訊工程師、律師、顧問、金融分析師這些以專業知識提供服務的「知識勞動者」，每天至少要確認電子郵件五十次，有些人甚至高達一百次。

減少確認電子郵件的次數，注意力比較容易維持，生產力才會提升。道理大家都懂，但大部分的人還是動不動就打開信箱來看。這就是「資訊過載」的害處。根據調查，八五%的電子郵件會在兩分鐘內被開啓。

美國網路公司「美國線上」對四千人做過一項調查，發現有六〇%的人，連上廁所的時候都在看電子郵件。另一項調查也顯示，有八五%的電腦使用者，連放假的時候都要帶著電腦。由此可見，人類已經被過多的資訊奴役了。

事實上，微軟的研究也證實了，頻繁確認電子郵件會降低員工的生產力。

微軟的研究人員對自家員工做了一項調查，發現員工放下手邊工作確認電子郵件後，平均要花上二十四分鐘才會回頭處理原來的工作。另一項類似的調查也發現，八

○%的主管認爲，過多的資訊會妨礙他們決策。工作中斷的時間，占了整天勤務時間的二八%左右，最大的原因就是電子郵件帶來的過多資訊。

難道每一封電子郵件都值得我們放下手邊的工作馬上回覆嗎？英特爾對兩千三百名員工進行調查，發現了非常諷刺的結果，原來三分之一的電子郵件都是不必要的。

大家明知「資訊過載」的弊病，卻仍然相信龐大的資訊可以提升工作效率。我們應該要了解這個謬誤，有意識地分辨哪些才是眞正有用的資訊，並撥出必要的時間和心力去處理。

——行為經濟學反對資訊過載

「資訊過載」對總體經濟也造成了嚴重的影響。

資訊科技顧問公司Basex做過一項調查，發現資訊過載會降低員工的生產力，使得美國經濟體系每年增加了至少九千億美元的成本。

再重申一次，「資訊越多越好」是傳統經濟學的看法。傳統經濟學的核心觀念是，人類會依據正確、理性的決策採取行動，因此會從大量的資訊當中，挑出最好的來利用。

不過，行爲經濟學早已洞悉事實，人類總是會做出不理性的決策。人會在不經意的情況下利用系統一做決策，因此，大量的資訊只會害人失去專注力，戕害身心健康，根本不可能做出最佳選擇。

換句話說，過多的資訊會讓我們身心俱疲，妨礙決策。

如果你是主管，應該多留意「資訊過載」的問題，這才是眞的替部屬著想。下達指示和回饋意見必須簡潔扼要，套用行爲經濟學的說法，就是要避免資訊過載的狀況發生。否則部屬無法理解你的指示，搞不清楚重點，也不曉得該如何下手才好。人面對過多的資訊，會乾脆放棄理解，連想要去理解的念頭都不會有，自然做不了任何決策。

以推銷商品爲例，近年來，各家公司推出的商品和服務越來越豐富多元，業務員也必須具備大量的知識才行，除了要了解既有商品，還要吸收新商品的知識，連同所有商品的優缺點都得銘記在心。不僅如此，業務員還得記錄客戶和廠商的資訊，彙整客戶的購買紀錄，當然，也要了解競爭對手的商品。

金融業和醫藥業還有嚴格的法規規範，從業人員必須記住各種瑣碎的細則。

爲避免資訊過載，不要強求新進人員一次記住所有的商品知識，設定好優先順序，先從少數幾項商品學起就好。換言之，不要一次灌輸所有的知識，先培養部屬簡單的說明技巧，等部屬學會了，再按部就班教導更進一步的商品知識。

我在寫這本書的時候，最新的人工智慧聊天機器人 **ChatGPT** 引起了不小的話題，據說這款聊天機器人能省下調查資料的時間，對商業十分有益。像這種人工智慧會學習大量數據，以通順的文字統整資訊。資訊易於吸收，就能防止資訊過載，這也是 **ChatGPT** 引起話題的一大原因吧。

另一項研究證實，資訊過載不只會降低工作表現和員工滿意度，還會導致心理和身體的「疾病」。

香港大學的阿里·法霍曼德對一千三百名主管做過調查，發現二五％的主管受到資訊過載的影響，產生各種壓力過大的疾患，好比頭痛、憂鬱症等等。

明知如此，爲什麼大家還是忍不住查看電子郵件？不願意放下自己的手機？理由和丹．赫爾曼提出的錯失恐懼症有關。大家害怕錯失有趣的資訊，害怕跟不上時代，所以才不斷確認資訊。

——寫書要善用巧思，避免讀者資訊過載

其實，只要用對方法，就能讓人輕鬆吸收大量的資訊。

各位現在看的這本書，就利用了這個方法。

書籍是最容易「資訊過載」的媒體。通常一本書有大約十多萬字的資訊，當然，這也要看頁數而定。因此，如果不花點巧思安排，讀者會看不出你想傳達的重點。

這本書的所有研究資訊，是從一百九十多份研究論文中擷取而來，我盡量不擷取其他書籍的內容，完成這本有憑有據的商業素養書。各位光看內文可能很難體會到我的用心，因此，我在書末的「參考文獻」列出所有引用的研究論文的資訊，而且刻意

用「灰色」的紙張，和內文做出區隔。

資訊超載會讓人看不到重點，要避免這問題，最好的方法就是「做出區隔」。人類是用「比較」的方式來認知一切，當一本書大部分的頁面都是白色的，突然多了幾頁灰色頁面，讀者就會去注意當中的差別。順帶一提，除了「參考文獻」以外，書中有些地方我也使用灰色頁面，好比章節概要等，這些就是重點部分。

「選項太多」反而無法抉擇

——四千種衛生紙和「選擇過載」

探討過「資訊」的問題後，接下來衍伸思考「選項」這個問題。如果你在商業界打滾，那你一定經常提供選項給別人吧。

舉個最簡單的例子，假設有人要購買你們公司的商品或服務，你應該提供多少選項給客戶選擇？或者，當你對主管提案時，你應該提供多少選項，又該什麼方式提出呢？

行爲經濟學中有所謂的「選擇過載」理論，跟「資訊過載」類似。人面臨太多選項時，反而無法做出決定。

資訊過載會妨礙決策，讓我們無法採取行動。選擇過載（選項太多）也一樣。

二〇二二年美國做過一項「選擇過載」的調查，有二八％的受訪者認爲，現在購物的選擇太多了。尤其日常用品更是如此，有高達四八％的美國人認爲，日常用品的選項太多，難以抉擇。

比方說，你上美國亞馬遜網站搜尋「衛生紙」，就有高達四千種以上的衛生紙。衛生紙是生活必需品，每個人喜歡的款式也不一樣，有人喜歡捲筒衛生紙、有人喜歡加厚或棉柔的衛生紙，唯獨可以肯定的是，大家並不需要多達四千個選項。

依傳統經濟學的觀點來看，我們應該比較四千種衛生紙，評比每一種的價格、品質、口碑等等，從中挑出最好的。這是傳統經濟學的大前提，非常理性。

問題是，現實狀況完全不是這麼一回事。行爲經濟學是分析人類眞實行爲的學問。我們在做選擇時，可能多少會比較，但大多是憑感覺在做選擇。

舉例來說，你想挑便宜的購買，就會直接選特價商品。但有的商品打折之前就很貴，打折也沒比較便宜，照理說你應該選更便宜的才對，但大多數的人不會想這麼多，都是直接購買。這就是用系統一迅速做決策。

美國大型超市有非常多種飲料供你挑選，有汽水、運動飲料、咖啡、能量飲料等等，最近還流行添加了紅茶菌的健康飲料，有的超市光是這種健康飲料就有一百多種以上。

超市提供這麼多種選項，也是希望客人買到自己想要的商品。但是消費者看到這麼多商品，只會感到困惑。我們不可能花太多時間和心力，詳細比較每一種商品，再從中挑選最適合自己的。有些人懶得比較，可能連買都不想買了。

近年來，日本的網路資訊也有大增的趨勢，前陣子我打開應用程式搜尋鍋物料理的食譜，總共列出了五萬多件，我多加了一個「簡單」的關鍵字，依然有一千多件。我就是工作太忙，才想找簡單的食譜來參考，這種時候實在不可能花大把時間一一看過每一個選項。

況且，爲什麼飲料需要賣到一百多種？又不可能每一種都大賣。

零售商和電商也知道這個道理，那爲什麼還要陳列大量的商品呢？

理由很簡單，如果選項太少，大家就不感興趣了。我剛才提到的料理應用程式，最大的賣點就是網羅了三百八十二萬種食譜。人們都以爲選項越多越好，廠商就反過來利用這一點，陳列好幾種類似的商品，藉此吸引消費者上門。不料聰明反被聰明誤，選擇過載成了問題，消費者完全無法抉擇。

——亞馬遜和抖音的「選擇架構」

由此可見，人類雖然喜歡多一點的選項，但過多的選項反而令人無所適從。看似矛盾，但這就是不理性的人類最眞實的樣貌。

如前所述，當我們碰到太多選項，或是要挑選自己不了解的商品時，會發生「選擇癱瘓」的問題，想選擇卻選擇不了，於是乾脆不做選擇，或是等日後再做選擇。

那麼，要如何提示選項，才能引導對方做選擇呢？「選擇架構」的思維，就是用來解決這個問題的。「選擇架構」是在設計選項上，摸索最佳方法。

世界知名的大企業，也善用各式各樣的選擇架構。

亞馬遜會記錄消費者的資訊，透過演算法推薦商品給消費者。而且還有各種篩選條件，可以依照價格、上架日期、人氣高低，讓消費者更容易選擇想要的商品，這也是一種「選擇架構」。

至於抖音則是一開始就幫你做選擇，你打開抖音的那一刻，不用做任何選擇就會自動播放影片。畢竟抖音的影片太多，使用者不曉得該挑哪一個來看才好，做不出選擇。因此，抖音一開始會自動播放使用者可能感興趣的影片，這樣使用者就不必自己做選擇了。

自動播放功能會產生「維持現狀效應」，使用者就這樣一直看下去，耗費大把時間看抖音的影片。這就是抖音的選擇架構。

網飛也有使用類似的手法。你一打開網飛，網飛就會自動播放推薦的影片，這也是爲了避免使用者陷入選擇過載。

網飛的選擇架構是根據使用者過去的收視數據，判斷使用者可能喜歡什麼類型的影片。其他影視服務也是使用同樣的手法。

——在客戶心中長期留下好印象的方法

我再介紹幾個「選擇架構」的有效實例。

還有一種方法是，透過幫消費者指出特定的資訊，避免他們陷入選擇過載的困境。

我還是博士後研究員的時候，科羅拉多大學波德分校商學院教授小約翰·林奇很照顧我，他和團隊用紅酒做過一項實驗。販賣紅酒的網站上有大量的品項，他們想找出讓消費者更容易做出選擇的方法。

研究指出，只要將產地、味道、口感等關乎品質的資訊簡化，購買人數就會增加。客戶了解品質的相關資訊，對價格也不會太斤斤計較，可以果斷做出決定。

兩個月後，該團隊又做了追蹤調查。先了解品質資訊再購買紅酒的消費者，大多在兩個月後依然對那次的消費經驗感到滿意，對自己購買的紅酒讚不絕口。

尤其是像紅酒這類的商品，一般消費者都不曉得該如何挑選，因此更需要載明「品質資訊」。若是在網路上販賣紅酒，也應該讓消費者可以輕易查詢。

圖表11　決策樹的範例

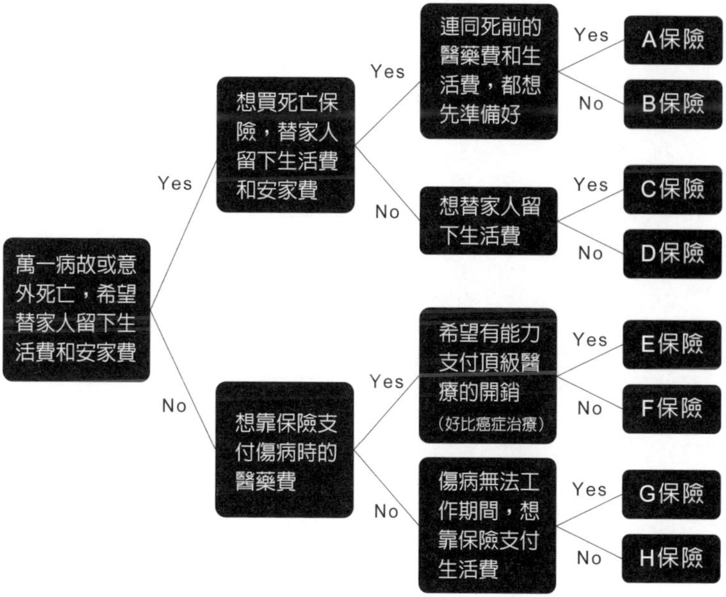

前述的料理應用程式，使用者只要每個月支付四百日元，就能直接看到最受歡迎的食譜，可以省下不少瀏覽的時間和心力，這也是一種「選擇架構」。

此外，利用「決策樹」，也能避免選擇過載的狀況發生（詳見圖表11）。

日本有全民健保制度，但美國各州的保險方案都不一樣，有些州有四十種以上的方案，人民必須從中挑選，無疑是選擇過載的代表性案例。與其一次出示大量的方案，不如列出「決策樹」，大家只要回答YES或NO，就能找到適合自己的保險方案。

今後人工智慧蓬勃發展，「決策樹」也會有更廣泛的應用吧。

——選項最好不要超過十個

那麼，從行爲經濟學的觀點來看，到底提供幾個選項才恰當？

我大學時代的好友雅維妮．夏恩，現在是多倫多大學的副教授，她曾經做過一項調查，分析商品選項的多寡和購買人數之間的關聯。

實驗對象是一群學生，夏恩要他們挑選自己喜歡的筆，如果沒有喜歡的筆，直接放棄不買也沒關係。每個學生面對的選項數量不同，有的學生必須從兩枝筆當中挑選一枝，有的學生則必須從二十枝筆當中挑選一枝。

結果如同圖表12所示，只有兩枝筆可挑的情況下，有四〇%的學生願意購買。有六枝筆可挑的情況下，願意購買的人數增加。有十枝筆可挑的情況下，願意購買的人

圖表12

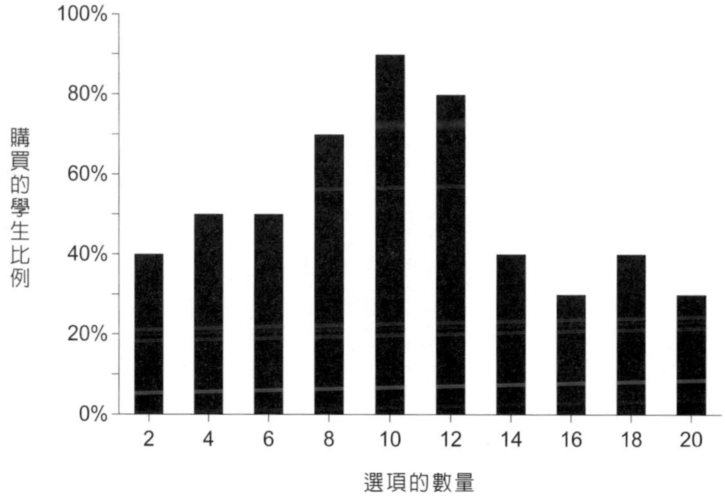

資料來源：Shah, A. M., & Wolford, G. (2007). Buying behavior as a function of parametric variation of number of choices. PSYCHOLOGICAL SCIENCE-CAMBRIDGE-, 18(5), 369-370.

數最多，高達九〇%。

不過，超過十一枝筆時，願意購買的人數反而減少了。有二十枝筆可挑的情況下，購買人數比只有兩枝筆可挑的情況還少。

當然，到底該提供多少選項才恰當，還要考慮到商品的種類、目標客群，以及購買的環境等因素，好比是在實體店鋪購買，還是在網路商店購買等等。建議各位不妨也思考一下，自家的商品應該提供多少選項才恰當。

「助推理論」：「本日推薦」的驚人效果

選項多，可以吸引人氣，但選項太多，又會造成選擇過載的問題，消費者反而做不了決定。

所以，如果你想把這個道理活用在商場上，那麼在「行銷」和「商品陳列」這兩個階段，提供選項的方式也要改變才行。

假設你經營酒吧好了，你的酒吧最大的賣點是啤酒種類豐富（例如有一百種啤酒）。你應該要好好活用這個賣點，在行銷吸引來客的階段，盡量主打啤酒種類豐富的特點，這樣比較容易吸引客人捧場。

可是，當客人實際來到店裡消費時，啤酒種類太多，反而會陷入選擇過載的問題。

解決辦法是，依照啤酒的種類、味道、酒精濃度分門別類，整理出簡單易懂的菜單。另一個更有效的方法是，善用助推理論，好比用「本日推薦啤酒」「人氣啤酒」等標語，主動推薦客人啤酒。

另外，也可以鼓勵客人依照心情做決定，好比用「喝了會心情爽快的啤酒」等標語，推薦特定種類的啤酒給客人。用推薦標語輕輕推客人一把，客人就不必在大量的啤酒種類中一一做考慮，可以直接選擇預設選項（你推薦的啤酒），還會對自己的選擇感到滿意。尤其客人去酒吧，都是一邊跟朋友聊天，一邊看菜單，這種情況下系統二很難發揮作用。善用助推理論，客人就能用系統一輕鬆做決定，這對客人來說也是一件好事。

從前面幾個例子不難發現，我們活在一個選擇過載的世界，不論企業用什麼方式歸納和提供資訊，當中都有他們安排的選擇架構存在。

——向賈伯斯學習「隨興抉擇」的奧祕

前面介紹了如何讓「別人」更容易做出選擇的方法。這一節我會告訴各位，如何讓「自己」順利做出選擇，這也是很重要的事。

或許你每天在商場上都要面對無數的選擇。誠如前述，傳統經濟學的觀點是，應該檢討所有的選項，經過深思熟慮再做出決定。但現實社會沒辦法這樣做，在商場上做決策不能花太多時間，更不能讓自己陷入做不了決策的困境。

那麼，該如何避免選擇過載的問題呢？

不做選擇也是一種方法。

大家都知道，史帝夫·賈伯斯只穿黑色的高領毛衣。美國前總統歐巴馬也說過，他只有三套西裝。馬克·祖克伯的穿搭也有一定的模式，這些都是刻意讓自己不做選擇的方法。

事先安排一套方法，省下一些無關緊要的決策，這樣面對其他重要的問題時，就可以降低選擇過載的風險。當你不用煩惱該穿什麼，大腦就有餘力發揮系統二的作用，去思考更重要的問題。

此外，重新評估現實狀況也是有效的方法。

也就是說，你應該重新思考到底哪些才是真正重要的事情。而且，就算事情很重要，但選A或選B，眞的會影響到結果嗎？

我們每天都要做無數的選擇，不可能每一項選擇都很重要。其實很多事情，不管你選哪一個，都不會影響到結果。在這種事情上浪費太多時間，將造成機會損失。注意力經濟當道的時代，這等於是在消耗你的注意力。

所以我建議各位最好評估一下，你碰到的選擇是否值得你花時間。生活中大部分無關緊要的瑣事，就不要太認眞做決定了。

比方說，逢年過節，有些人會煩惱要先跟直屬主管拜年，還是先跟高層拜年，這可以說是日本人特有的煩惱。其實主管和高層根本不在意這種事。還有人出差的時候，煩惱該訂哪一家航空公司的機票、要預約哪一家旅館。坦白講，出差時待在旅館的時間又不長，選哪一家旅館沒太大差別。以我個人來說，除非是眞的需要花時間思考的事情，不然我一律選擇預設選項，減少做決策的難度。資源有限的商業世界，不重要的事情就不必太認眞做決定，這才是最有效率的戰略。

我自己不是很在意的事情，或者僅是個人偏好的問題，我會交給部屬去處理。

因爲我自己必須做很多重要決策，一部分交給部屬分擔，才能防止選擇過載的狀況發生。多出來的時間，我可以用來構思經營策略，與重要的客戶開會。

況且，交給部屬做決定，他們會感受到我的信賴，對部屬而言也是很好的學習經驗。當然，主管要負起一切責任，如果事情順利，也要好好褒獎部屬才行。

提示資訊的「方式」會影響我們的判斷

——娜歐蜜．曼德爾的研究和「促發效應」

本章第一節談的是，狀況會影響我們做決定。理解這個大前提後，我們在第二節和第三節談到了資訊過載和選擇過載的問題，這些都是當代特有的「狀況」，對我們的決策和行為都會造成影響。

狀況是「大腦以外」的因素，現實中有無數的狀況，好比店家播放的音樂、當天的天氣、時間、偶然看到的資訊等等。

會不會在我們深思熟慮之前，周圍的「狀況」就已經讓我們做出決定了呢？

除了資訊和選擇之外，還有許多跟「狀況」有關的理論，這一節就來說明。

乍看之下平凡無奇的事情，也會對腦部造成影響，「促發效應」就是最具代表性的理論，人會因爲外在的刺激而大幅改變行爲。

促發效應還有一個很值得探討的論點，舉凡顏色、音樂、位置、氣味等刺激，都會在無意識中影響我們的決策。

亞利桑那州立大學的娜歐蜜·曼德爾做過一項調查，她做了兩個汽車銷售網站，兩個網站都有賣「強調價格便宜的車款」和「強調安全的車款」。兩個網站銷售的車子都一模一樣，只有商品的背景顏色不同。這樣的差異，對結果造成了什麼影響呢？

採用綠色背景的網站，有六六％的人選擇「便宜的車款」，只有三四％的人選擇「安全的車款」。我們不是美國人，聽到這個例子可能不太好理解。在美國，綠色代表「金錢」，一美元的鈔票就是綠色的，所以大部分的人都選擇「便宜的車款」。

相對的，採用紅色背景的網站，有五〇％的人選擇「安全的車款」。紅色讓人聯想到火焰、爆炸、危險和事故，所以有更多人在無意識中選擇「安全的車款」。

區區背景顏色的差異，都會影響我們的決策，而且這種影響是毫無自覺的，也難怪有越來越多企業向行爲經濟學取經。

——播放法國音樂，高達八成的消費者會買法國紅酒

再舉一個「促發效應」的研究。

研究人員在紅酒專賣店調查消費者購買紅酒的傾向，實驗期間爲兩個禮拜，每個禮拜播放不同的音樂。店內擺放法國紅酒和德國紅酒，兩款都是同樣的價格和口味，唯一不同的只有音樂。當然，擺放位置也會影響到紅酒的銷量，所以每個禮拜兩種紅酒都會換位置，以免有不公平的狀況發生。

結果發現，店內播放法國音樂時，有八三%的消費者購買法國紅酒。反之，播放德國音樂時，有六五%的消費者購買德國紅酒，購買法國紅酒的人只剩下三五%。

這個實驗最有趣的地方是，在消費者購買商品後，研究人員有出面坦承這是一場實驗，並請消費者填寫問卷。問卷的內容如下：

「我們在店內播放法國音樂，您是不是受到音樂的影響，才購買法國紅酒？」

然而，只有一五％的消費者對此有自覺。剩下八五％的消費者，完全沒注意到店內的音樂，依然選擇了法國紅酒。

另一項實驗也證實，在店內播放古典音樂，消費者會傾向購買高價的紅酒。

這兩項實驗中，消費者都以爲選哪一款紅酒是出於自己的意志。但數字不會騙人，實驗結果證明了，我們的決策會受到狀況影響。

促發效應也能用來提升員工的業績。有研究證實，執行長寫信給員工時，只要當中包含了十二個能讓人聯想成就感的字眼，員工的表現會提升一五％，效率更提升了三五％。

這十二個字分別是「勝利」「達成」「競爭」「努力」「繁榮」「驕傲」「達標」「精益求精」「獲勝」「成功」「利益」「成就」。

英文直接翻譯過來的詞彙，各位看著可能有些彆扭，但把積極正面的字眼加入文章裡，是非常容易實踐的戰略。各位不妨找一些具有聯想效果的正面字眼，試著在日常中運用這方法。

——紅肉含量七五%和油花含量二五%，你怎麼選？

了解「促發效應」之後，接著，我們來認識「框架效應」。框架效應是指，同一件事用不同的方式來強調，會影響人的決策。一九八一年康納曼和特沃斯基在科學雜誌上發表了這個理論，顧名思義，就是用「框架」來強調資訊的特定部分，會改變人們看待資訊的方式。

「框架」有很多不同的類型，「牛絞肉實驗」是最爲人所知的屬性框架。假設你去買牛絞肉，下面兩種牛絞肉你會買哪一種？

A. 標示「紅肉含量七五%」的牛絞肉。

B. 標示「油花含量二五%」的牛絞肉。

研究人員把這兩種標示拿給實驗對象觀看，並請實驗對象依照以下四點進行評估：「看起來好吃或不好吃？」「看起來油不油膩？」「看起來品質好不好？」「看起來脂肪多不多？」

實驗對象看了A標示，都覺得這款牛絞肉看起來很好吃，不會太油膩，紅肉比較多，品質似乎比較好，脂肪含量也不高。想當然，評價比B標示的牛絞肉還要高。

可是，各位仔細想一想就會發現，這兩種肉根本一模一樣，純粹是表現方式不同。

這個實驗還安排了以下三種情境，檢驗屬性框架會有什麼不一樣的效果：

- 情境一：只看標示不試吃。
- 情境二：先看標示再試吃。
- 情境三：先試吃再看標示。

比較三種情境之後發現，情境一「只看標示不試吃」最容易受到框架效應影響，人們對A絞肉的評價也最高。

至於情境二「先看標示再試吃」，框架效應的影響力比情境一小，人們對A絞肉的評價也不如情境一來得高。

最後情境三「先試吃再看標示」，框架效應幾乎無法發揮影響力。

換句話說，改變提示資訊的「方式」，確實會導致結果不同，這個實驗就是最具代表性的例子。

——何謂「展望理論」？

根據康納曼和特沃斯基的說法，同樣是框架效應，也有分正面的框架效應和負面的框架效應。有一個非常知名的實驗，就是在說明這個現象，我來介紹一下。

研究人員利用一個虛構的疾病，詢問學生的看法。

首先，研究人員告訴學生，現在有一種流行疾病，科學家預估未來將有六百人死於這種疾病。

研究人員要學生站在施政者的角度來思考，應該選擇A或B哪一種防疫措施才好。不過，研究人員並非單純提問，而是用了兩種不同的描述方式，分別詢問兩組學生。這兩種方式只是遣詞用字不同，內容完全一樣。

【描述一】

• 選擇A對策，確定會有兩百人得救。
• 選擇B對策，有三分之一的機率六百人全數得救，但有三分之二的機率全員喪生。

【描述二】

• 選擇A對策，確定會有四百人喪生。
• 選擇B對策，有三分之一的機率無人喪生，但有三分之二的機率六百人全數死亡。

「描述一」和「描述二」的差別，在於一個使用正面的詞彙描述（兩百人得救），另一個用負面的詞彙描述（四百人死亡）。再者，選擇A對策可以確實知道結果，選擇B對策則有不可預知的風險。

換作是你，會如何選擇？

聽到比較正面的「描述一」，大多數的學生都選擇可以確實知道結果的A對策，高達七二％。根據展望理論的觀點，當問題聚焦在利得上（亦即有多少人得救），人會迴避風險，追求更為確實的結果。

換句話說，描述一的兩種對策，都有提及生存機率（正面框架），因此，學生迴避了B對策「三分之二的機率全員喪生」的風險，選擇A對策「確定會有兩百人得救」。

描述二則以負面的表現方式，強調會有多少人死亡，因此，七八％的學生選擇了風險較大的B對策。根據展望理論的觀點，當問題聚焦在損失上（亦即有多少人死亡），人會勇於冒險。也就是說，學生寧可冒險賭一把大家都存活的機率，也不願四百人注定喪生。

曾經有人做過實驗，把這個理論應用在商業情境上。研究人員設定的情境是，有一家提供重要零組件的供應商宣布漲價，你的企業可能要多支出六百萬美元。

研究人員用了兩種不同的描述方式，分別告訴兩組實驗對象這個情境：

【描述一】

• 選擇A對策，確定可以省下兩百萬美元。

• 選擇B對策，有三分之一的機率可以省下六百萬美元，但有三分之二的機率一毛錢都省不了。

【描述二】

• 選擇A對策，確定會損失四百萬美元。

• 選擇B對策，有三分之一的機率不會有任何損失，但有三分之二的機率會損失六百萬美元。

這跟前述虛構疾病的例子一樣，當研究人員強調「省錢」這種正面的詞彙，有七五%的人選擇A對策。反之，當研究人員強調「損失」這種負面的詞彙，只有二〇%的人選擇A對策。

由此可見，同樣的內容，以正面框架或負面框架傳達，會影響人們的行動。

——哥倫比亞大學和加州大學合作研究「框架效應」

過去我在杜克大學擔任博士後研究員時，和哥倫比亞大學及加州大學洛杉磯分校共同做過研究，其中也包括了框架效應的相關實驗。研究是用兩種不同的框架，詢問人們對於「壽命」的看法，這是關係到養老金運用的最大因素。因爲退休後失去收入，對於壽命長短的預期，會直接影響到每個月可以花用的錢，以及要準備多少年的養老金。

- 框架一：你覺得自己能活到五十五歲的機率是多少？
- 框架二：你覺得自己活不到五十五歲的機率是多少？

同樣的兩種問法，把年齡改成六十五歲、七十五歲、八十五歲，再詢問一次。結果發現，以框架一詢問的平均壽命，比框架二多出十年左右。因爲框架一強調的是「可以活到五十五歲的原因」，而框架二強調的是「活不到五十五歲的原因」，所以才有這樣的差異。

由此可見，關係到我們人生規畫的重要決策，也會受到框架效應的影響。

日常工作中也經常可以見到框架效應。當大家在討論行銷或商品開發的議題時，若聚焦在利益上，人們會傾向規避風險。相對的，若聚焦在損失的可能性上，則會傾向冒險。要在這兩者之間取得平衡，最好把兩種觀點的優缺點都列出來。同樣以剛才的商業情境爲例：

- 選擇A對策，確定可以省下兩百萬美元，但會損失四百萬美元。
- 選擇B對策，有三分之一的機率可以省下六百萬美元，但有三分之二的機率一毛錢都省不了。換句話說，有三分之一的機率不會有任何損失，但有三分之二的機率會損失六百萬美元。

用這樣的方式檢討兩種框架，才能減少偏誤，做出更好的決策。

——「聯合評估與獨立評估」：如何選擇二手字典？

光是以不同的方式傳遞相同的訊息，便能使人做出不理性的決策，這就是框架效應。有時候透過比較，能讓我們做出更好的決策。

比方說，你想買一部二手字典，有兩部字典在你的候選名單中：

- A字典書況良好，書皮也沒有破損，總共收錄一萬組詞彙。
- B字典的書皮有些微破損，總共收錄兩萬組詞彙。

你會選擇哪一部字典，願意花多少錢買下呢？

「獨立評估」就是你只看一部字典，並決定那一部字典的價值。在這種情況下，人們會用簡單易懂的基準來衡量價值，好比書皮是否完整等等。因爲只看一部字典，你也不知道「收錄一萬組詞彙」到底算多還是少。

所以在這種情況下，A字典的價值比較高。芝加哥大學的教授做過實驗，發現A字典的估值比B字典高出兩成以上。

不過，用「聯合評估」的方式，把兩部字典放在一起比較，結果就不一樣了。現在有了比較的對象，人們比較好評估收錄詞彙的多寡。於是，有更多人覺得「收錄兩萬組詞彙比較好」，B字典的估值比A字典高出四成以上。

光是有一個比較的對象，字典的價格就差了好幾成，這是很不理性的。

事實上，這本書在出版的過程中，也碰到「聯合評估」與「獨立評估」的問題。當初在決定封面時，因爲我不懂出版的門道，只想照自己的想法決定封面。不過，專業的編輯拿其他書籍來比較，提供精闢的見解，我才知道自己犯了單獨評估的錯誤。

其實，仔細想一想就會發現，讀者去書店買書時，是從架上一大堆有趣的書籍中挑選。也就是說，讀者是透過聯合評估在挑選書籍。因此，封面設計的重點應該放在，當讀者在比較這本書和其他著作時，怎樣的封面才是最清楚易懂的。也因爲我了解行爲經濟學的「聯合評估與獨立評估」理論，才能迅速找出解決辦法。

不只是出版書籍如此，但凡推出新的商品都要考慮到，消費者一定會拿它和自己正在使用的商品做比較。在設定價格和行銷策略上，都必須以此爲前提才行。相關的研究也證實，推出新商品時，必須特別強調新商品相較於既有商品的優點。

可是，根據我以往的經驗，現在大部分的市調都只著重「獨立評估」，企業只看消費者使用自家商品的評價。應該善用行爲經濟學的理論，和其他企業的商品一起做聯合評估，這樣的市調才有參考價值。

有沒有比較的對象，也會影響我們對一個人的評價。芝加哥大學的奚愷元教授，於一九九六年發表一項研究，他設定了一個情境，假設你是一家顧問公司的老闆，要找一個精通特殊程式語言的工程師，請參與實驗的人回答以下問題：

「現在有兩位應屆畢業生前來應徵，相關經歷和學業成績如下。請問你要選擇哪一位？」

【一號應徵者】

經歷：過去兩年內寫過十件相關程式。

學業成績平均績點：四．九。

【二號應徵者】

經歷：過去兩年內寫過七十件相關程式。

學業成績平均績點：三．〇。

當列出兩位應徵者做聯合評估時，二號應徵者的薪資比一號應徵者要高出六%。人們在做聯合評估時，比起學業成績，更重視實務經歷，也就是寫過的程式數量。反之，若沒有比較的對象，做單獨評估時，一號應徵者的薪資要高出二〇%以上。這項調查結果顯示，聯合評估與獨立評估，不只會影響消費者購物時的選擇，同樣也會影響商業上的決策，好比人才錄用與否與薪資的多寡。

——「誘餌效應」帶動麵包機大賣

人會在無意識中做比較，這項理論又衍生出「誘餌效應」。所謂的誘餌效應是指，刻意增加一個沒人會選的選項（誘餌），可以誘使人們選擇「原有的選項」。

美國零售商威廉斯索諾瑪，就曾利用誘餌效應做生意。這家企業在美國相當受歡迎，專賣各種餐具、器皿、家電，以及高級廚房用品。

有一次，威廉斯索諾瑪銷售一款兩百七十五美元的家用麵包機。他們事前做過市場調查，發現消費者對這款產品很感興趣，但實際銷售狀況又是另一回事。

於是，他們刻意銷售另一款更高價的家用麵包機，要價四百一十五美元，兩款麵包機就擺在一起。一台家用麵包機要價四百一十五美元，並不便宜，威廉斯索諾瑪真的想做這門生意嗎？

沒想到，兩款麵包機放在一起賣之後，發生了一個有趣的現象，原先那台兩百七十五美元的麵包機竟然大賣。這是爲什麼呢？

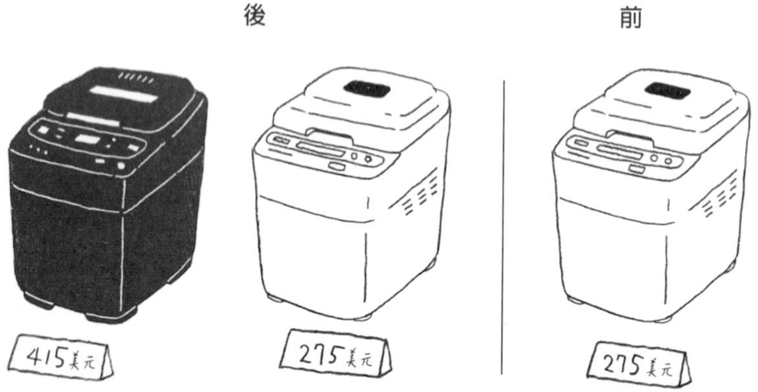

理由是多了「比較對象」，產生了助推的效果。

原先只有那款兩百七十五美元的麵包機時，消費者無從判斷兩百七十五美元到底是貴還是便宜。但畢竟麵包到處都買得到，而且一個麵包也只要幾美元，看到一台家用麵包機要兩百七十五美元，還是會讓大多數人打退堂鼓。

於是，廠商擺出另一台更貴的麵包機來當「誘餌」。現在旁邊多了一台四百一十五美元的麵包機，原先那台麵包機看起來就變便宜了。

行爲經濟學的看法是，透過「比較」，大腦會更容易認知事物。像蘋果也巧妙運用「誘餌效應」做生意。

蘋果不會一次只推出一款 iPhone，而是一次推出不同儲存空間的 iPhone，彷彿事先安排了折衷方案給消費者。

我在寫這本書的時候，蘋果最新的機種是 iPhone 14，一二八GB的款式要價七百九十九美元，二五六GB的款式要價八百九十九美元，五一二GB的款式要價一千零九十九美元。

「容量最少的一二八GB可能不夠用。但五一二GB又太多了，應該用不到吧。」

有這種想法的消費者，就會選二五六GB的款式。如果蘋果一開始就是想賣二五六GB的款式，那他們運用的誘餌效應確實很成功。

從這些例子不難發現，刻意安排似乎沒有人會買的比較對象，也是很重要的手段。

——為什麼奧地利人九九%都同意器官捐贈

最近和一位在谷歌上班的朋友碰面，我們聊到了這幾年大家很關注的隱私問題。過去谷歌會蒐集使用者的搜尋關鍵字，推薦廣告給使用者。如今社會大眾擔心個資外流，過去這種理所當然的商業手法被視爲一大問題。

由於時代潮流的影響，近年來，許多網站和應用程式，都有增設隱私相關的設定選項，谷歌也不例外。

比方說，一般人上新聞網站登錄電子信箱時，網站會詢問要不要訂閱電子報，或是要不要接收推廣訊息。相信各位也都看過吧？

仔細看那些訊息，大多會直接幫你勾選「訂閱、接收」的選項。從行爲經濟學的角度來看，這也是很巧妙的戰略。

怎麼說呢？因爲人是一種討厭變化的動物，當我們碰到不得不改變的情況時，會覺得像是碰到一種阻礙，覺得很麻煩。尤其在疲憊或繁忙時，大腦的注意力渙散，我們會傾向於不做決策。碰到無關緊要的決策時，也是一樣的做法。

再者，我們會擔心一旦變更選項，萬一之後改變心意了怎麼辦？新聞網站提供的資訊說不定會有用，免費的資訊不拿白不拿，所以很多情況下，我們就乾脆維持原樣，不做改變。

企業希望消費者接收他們提供的資訊，就把「訂閱、接收」設定爲「預設選項」，直接打勾，消費者就這麼接收了大量的郵件和推廣訊息。懂得利用行爲經濟學的企業，光是改變預設選項，就能影響好幾億人的行爲。特別是那些跨國的科技業巨頭，更是精於此道。

身爲消費者，我們應該留意企業提供的預設選項。而身爲商業人士，你的戰略就是把想賣的東西，當成預設選項，提供給消費者。

我和哥倫比亞大學的艾瑞克·強森教授一起做過幾項研究。他做過一項關於器官捐贈的調查，跟「預設效應」大有關聯，值得我們深思。

「如果您意外身故，願意捐贈器官嗎？」

對於這個問題，各位的回答是什麼？

圖表13是比較歐洲各國器官捐贈同意率的研究資料，奧地利、比利時、法國等國家，幾乎所有的回答者都答應捐贈器官。反之，荷蘭不到三〇%，英國、德國更是低到二〇%以下。丹麥甚至只有四·二%的人同意。

圖表13　器官捐贈同意率

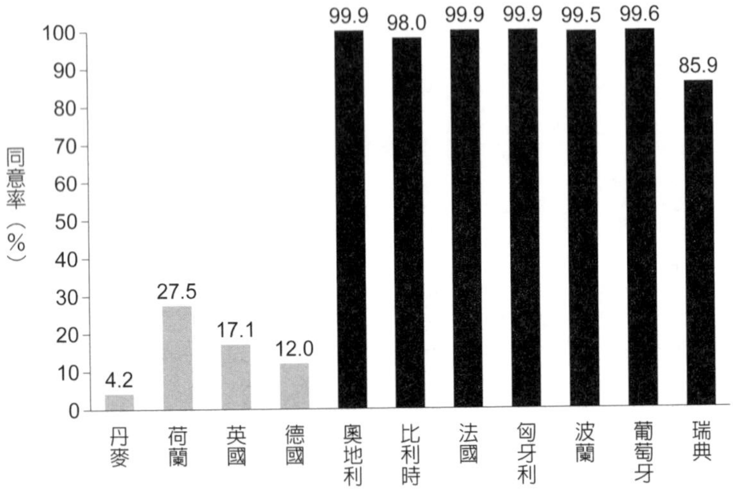

資料來源：Johnson, E. J., & Goldstein, D. (2003). Do defaults save lives?. Science, 302(5649), 1338-1339.

這些都是歐洲國家，所以造成差異的主要因素並非文化和宗教信仰。那麼，造成這麼大差異的原因是什麼？

原因很單純，那些器官捐贈同意率接近一〇〇%的國家，把同意器官捐贈當成預設選項，如不同意捐贈，要另外勾選拒絕的選項才行（詳見圖表14）。至於器官捐贈同意率低的國家，則是要勾選同意捐贈的選項，否則不會成爲器官捐贈者。

器官捐贈是一種難以判斷的問題，人們很難做出選擇，

圖表14　造成同意率差異的原因

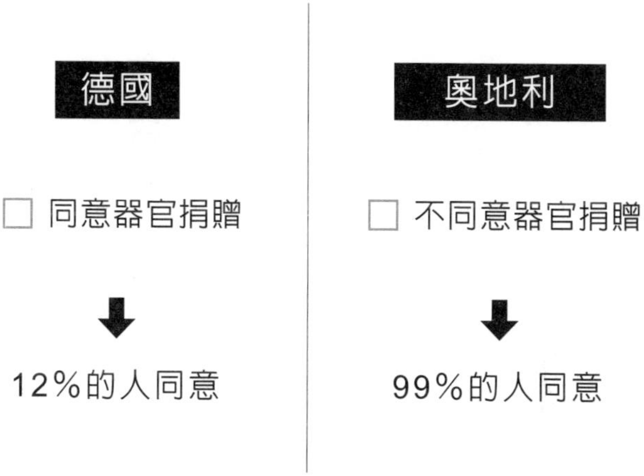

因此，部分歐洲國家直接設定爲預設選項。

當然，器官捐贈是比較特殊的案例，但大多數的事情也都有預設選項。就算沒有刻意安排預設選項，人的大腦中也有一些「預設選項的基準」。

好比去吃飯時，我們點餐廳推薦的本日套餐，買東西都買特定的品牌，聽音樂或看書都選排行榜上的第一名等等。這些都是潛藏在日常生活中的「預設選項」，有這些預設選項，消費者才容易做選擇。

企業善用預設選項，不但能賣出自己想賣的商品，又能提升消費者的滿意度，堪稱一石二鳥的好方法。因爲現代人處於選擇過載的狀況中，光是給他們一個易於選擇的選項，就可以提升滿意度。

另外，當我們對別人提示某些訊息時，也應該考慮到「定錨效應」。

——「定錨效應」讓 iPhone7 看起來變便宜了！

前面介紹了威廉斯索諾瑪和 iPhone 的行銷策略，這些企業利用「誘餌效應」，加入消費者根本不會選的選項，誘導消費者選擇它們想賣的商品。

行爲經濟學中的「定錨效應」，也有異曲同工的地方。

比方說，先看過九百九十九美元的 iPhone X 之後，你就會覺得五百四十九美元的 iPhone 7 很便宜（事實上還是很貴）。

換句話說，定錨效應的意思是，最先接觸到的數值，會成爲我們判斷的基準，導致接下來面對其他數值時，產生不理性的判斷。

斯德哥爾摩經濟學院的奧斯卡．柏格曼做過一項實驗，詢問實驗對象願意花多少錢購買紅酒。他的問法是：「您願意花X美元購買紅酒嗎？」X則是實驗對象的社會安全碼末兩碼（社會安全碼相當於身分證字號）。

也就是說，如果實驗對象的社會安全碼末兩碼是二〇，他就會問：「您願意花二十美元購買紅酒嗎？」末兩碼是九五的人，就問：「您願意花九十五美元購買紅酒？」當然，社會安全碼末兩碼越大的人，聽到的價格也越高，這些人自然不願意購買紅酒。

接著，他再次請教那些回答不願意購買紅酒的人，願意花多少錢購買？不願意花九十五美元的實驗對象表示，若降到七十美元，就願意購買。

研究發現，社會安全碼末兩碼越大的人，最終同意購買紅酒的價格也越高。社會安全碼純粹是隨機的數字，跟紅酒毫無關聯，但人就是會被一開始的數值所影響。

紅酒的價格不一，一般人也不清楚紅酒的價值，所以行爲經濟學常用紅酒做實驗。研究人員改用一般人同樣不了解的藝術品做實驗，同樣用社會安全碼當價格，詢問願不願意購買，實驗結果就跟紅酒的情況完全一樣。

反過來說，如果是消費者熟悉的商品，定錨效應就起不了作用。例如，每天買咖啡的人都知道咖啡的合理價格，便利商店或星巴克的咖啡大概多少錢都很清楚，定錨效應在這種情況下就無法發揮作用。

——用骰子決定判決結果？

「定錨效應我懂了。放心吧，我不會受影響的。」

我在教授行爲經濟學時，總會碰到這種人。他們多半是位高權重的人，每天要做各式各樣的決策，他們總以爲自己很理性，不會受到影響。然而，再厲害的專業人士，還是會受到定錨效應的影響。

德國科隆大學的碧特．恩格里希及其研究團隊，曾對多名法官做過一項實驗。

首先，他們請法官閱讀「連續竊盜案」的調查紀錄。

之後，再把法官分成兩組，請他們扔骰子，名義上是要做另一份毫無關聯的問卷調查。骰子有動過手腳，A組的法官只能扔出一或二，B組的法官只能扔出三或六，再把扔出的點數加總起來。

最後，研究人員請他們宣判連續竊盜案犯人的刑期。受到骰子點數的影響，A組法官判出較少的刑期，平均五個月左右。B組的法官判出較高的刑期，平均八個月左右。

事後，研究人員請教那些法官，判決的刑期有沒有受到骰子點數的影響？每一位法官都矢口否認自己有受到影響。可是，若眞的沒有受到影響，兩組的判決不應該有差異才對。

專業的法官本該公正無私，但連他們都受到定錨效應的影響，這個實驗非常值得我們深思。

再舉一個比較切身的例子。其實我們在評估部屬時，也會受到定錨效應的影響。例如，主管在評估一個資歷尙淺的部屬時，通常會以自己過去新人時代的表現作爲基準。但太過依賴這種手法，很容易忽略了部屬的優點，說不定還會覺得部屬不夠努力，尤其業績卓著的主管，特別容易有這個問題。

但主管當新人已經是十多年前的事情了，現在的環境早就跟那時候不一樣。況且，每個人發揮能力的方式也不一樣，有些人是大器晚成型，搞不好再多幾年時間，就能交出成果。也許部屬很熱心支援其他同事，也或許還在經營客戶關係，博取客戶的信賴，這些都是無法輕易數值化的事情。

如果擔心自己在無意識中受到定錨效應的影響，我們可以自行排除。

舉個例子，你要用PPT製作重要年度預算資料，這時，你的潛意識中一定會有定錨，可能你過去只花一個禮拜就完成了，你的同事只花十天就完成了。不過，每一場簡報的內容和目的都不一樣，你腦海中的定錨未必正確。這種時候，你可以刻意設定一個完全無關的數字，比方說今天是一月五日，就設定五天內完成的目標。或者你的生日在七月，你也可以設定七天內完成的目標。

在設定期限、預算這些重要項目時，刻意選用完全無關的數字，能夠幫助你擺脫過去的定錨。

定錨效應也不盡然都是缺點，在交涉的場合也能發揮正面的功效。好比新的專案要花八十萬日元的預算，必須取得主管同意。但這麼高額的預算，主管可能會拒絕。

因此，一開始先告訴主管，這個專案需要一百萬日元的預算，先在主管腦海中留下一百萬日元的印象。然後再告訴主管，削減一些支出，可以勉強壓到八十萬日元。也就是用一百萬日元當定錨來跟主管交涉，最後就能談成八十萬日元的預算。

哥倫比亞大學的亞當·賈林斯基，對企管碩士生做過一項研究，得出了很有意思的結論。

參加實驗的西北大學學生，要針對一家虛擬工廠的轉賣價格進行談判。學生分成買方和賣方，賣方當然都想高價賣出，一開始提出的賣價平均是兩百六十萬美元。而買方當然都想便宜買入，一開始提出的買價平均是兩百萬美元，兩者相差三成。

像這種交涉的場合，一開始提出的數字會成爲定錨，因此我們應該積極提出對自己有利的價格。

——亞馬遜應用狀況理論，擬定無敵的戰略

前面介紹了誘餌效應、定錨效應等理論，很多企業將這些理論融會貫通，促進商業利益，其中又以亞馬遜為最。

首先來看亞馬遜的「定錨效應」。

亞馬遜的特價商品有兩種標價，一種是「被劃掉的定價」，另一種是「打折後的價格」。也就是把定價當成定錨，讓消費者覺得打折後的價格很便宜，進而刺激消費欲望。事實上，沒有人保證打折後的價格是真的實惠，但消費者就是會上當。

再來是「誘餌效應」。

當你上亞馬遜購物時，只要點一下「比較」，螢幕上就會顯示亞馬遜和其他零售商的商品價格和配送條件。亞馬遜講究便宜、快速配送，其他零售商根本無法匹敵。既然如此，亞馬遜何必特地點出其他零售商的價格和配送條件呢？因為多一些比較的「誘餌」，可以凸顯亞馬遜的商品更有魅力。

最巧妙的是，亞馬遜會安排一種狀況，讓消費者只用「系統一」做決策。消費者選好商品，按下「加入購物車」的醒目橘色按鈕，就會啓用「一鍵下單」功能。如果你已登錄消費所需資料，好比信用卡資料、住址等等，就可以用直覺性的「系統一」購物。比起現金，信用卡更容易使人花錢，這又稱爲「無現金效應」，之後會再詳細介紹這項理論。現在有了「一鍵下單」功能，你甚至不必拿出信用卡，不會有自己在花血汗錢的感覺。

亞馬遜還有一項「自動續訂」功能。每個月花十四．九九美元，取得Prime會員的資格，就能享有免運費服務，也能免費閱讀一部分的電子書。一旦成爲Prime會員，除非客戶主動解約，否則期限一到，就會自動扣款續訂。很多訂閱服務都採用這項功能，就是在利用人的慣性。有些客戶不常買東西，其實不需要Prime會員的服務，但亞馬遜用這種手法，就能賺到他們的會員費。

「理由的力量」：提出請求並不需要明確的理由

生活中少不了「交涉」，我們每天都要與人交涉，不是只有在商場上才需要。請求他人幫忙時，稍微用一點話術，對方的反應將截然不同。哈佛大學的艾倫．蘭格教授，曾在一九七〇年代做過影印機的相關實驗。

當時人們都去大學圖書館找資料，每次要影印資料，影印機前總是大排長龍。在網路尚未普及的時代，這是很常見的景況。我大學時代就有電腦了，但那時候正好是文獻數位化的過渡期，影印機也幫了我不少忙。

你要印的資料沒幾頁，偏偏其他人要印的東西很多，要花上不少時間。你實在不想等那麼久。

有沒有什麼插隊的好方法呢？蘭格做了一項實驗，研究用什麼樣的方法提出請求，可以讓前面的人主動讓位。

1.「不好意思，我只要印五頁，可以先讓我用影印機嗎？」（沒有理由）

2.「不好意思，這五頁我一定要印出來，可以先讓我用影印機嗎？」（有稍微解

釋，但沒說明自己需要先影印的理由）

3.「不好意思，我趕時間，可以先讓我用影印機印這五頁嗎？」（說明自己需要先影印的理由）

用這三種方式提出請求，到底成功插隊的機率是多少呢？

第一種方式的成功率是六○%，第二種的成功率是九三%，第三種的成功率是九四%。這三種請求的內容都差不多，只是用詞略有不同罷了。但後面兩種的成功率遠高於第一種，主要就是因爲多了「理由」的關係。

這就是我稱之爲「理由的力量」的理論。當你提出請求時，稍微解釋一下理由，成功的機率會大幅上升。

重點在於，用什麼理由都無所謂。

就以前述的三種說法爲例，第二種雖然有稍微解釋，但若仔細聽，那根本算不上理由。大家都有有必須影印的東西，才會在這裡排隊，用這種理由要求插隊，怎麼想都很奇怪吧？

然而，相較於第一種說法只有六〇%的成功率，第二種說法的成功率飆升到九三%，而且跟眞正有說明理由（我趕時間）的第三種相比，成功率幾乎沒有差別。

換句話說，理由的內容並不重要，大家平常都是用系統一在做決策，只要你拿得出理由，對方就會接受你的請求。如果你很煩惱該用什麼理由說服主管、部屬、客戶，隨便說個理由就對了，這樣或許能降低你的「機會成本」。

當然，這一招只有拜託小事時管用。如果要拜託重要的事情，一定要有明確的理由。

——利用「自主偏誤」，誘導小孩去洗碗

大腦會受到各種狀況的影響，但人總認爲自己不會受影響，而且相信自己有自主決定的能力。

人都希望擁有自主性，我們可以反過來利用人的這種特質，向對方提出請求。比方說，你希望孩子幫忙做家事，以下哪一種說法比較有效？

1.「吃完飯，麻煩你洗碗。」
2.「吃完飯，你想用菜瓜布洗碗？還是沖水放進洗碗機？」

相信各位也看出來了，第二種方法比較容易被接受。第一種說法沒有顧及孩子的自由意志，很可能會引起孩子的反彈。就算孩子答應幫忙，也可能心不甘情不願。

因此，要用第二種說法，把「對方願意幫忙」當前提，然後讓孩子選擇要用菜瓜布還是洗碗機。如此一來，孩子不會覺得這是命令，而是自己的選擇，做起來也會比較開心。

這在行爲經濟學中還沒有正式的名稱，我個人稱之爲「自主偏誤」，指人都希望擁有自主性的特質。

同理，當你需要部屬幫忙分擔工作，不要直接命令對方，而是先提出幾個選項，詢問對方願意幫忙完成哪件工作，用這種方式激起部屬的主動性。而且，把「對方願意幫忙」當前提，對方也會不好意思拒絕。

當你需要主管挺你的時候，也能運用這種手法。我一位朋友，曾在美國攻讀行爲經濟學，之後回到日本，在一家企業的人事部門任職。他想嘗試一項專案，便直接向主管報告自己想做的專案內容，沒事先跟主管商量。可能是對部屬自作主張感到不滿，主管不太樂意提供協助。於是，我那位朋友利用自主偏誤，這次，他主動找主管商量，說明自己想嘗試的專案內容，並提供兩種方案讓主管裁決。兩種方案的內容大同小異，只要經過主管裁決，就可以連帶得到其他人的協助。

商業上也可以利用「自主偏誤」。

假設各位忘記銀行密碼，需要進行身分驗證手續，這時，銀行會進行兩階段驗證，確認個人資料、回答安全提示問題等等，之後才能核發新的密碼。老實說手續相當繁雜。

這時候，銀行職員用哪一種說法，比較容易博得各位的好感？

1.「您一定要按照程序，才能完成驗證。」

2.「請讓我幫您完成驗證程序。」

不用說，一定是第二種比較好。理由跟前面幾個例子一樣，第一種是「強制性」的說法，沒有顧及客戶的自由意志。第二種說法會讓客戶覺得他是憑自己的意志在進行身分驗證。

有人用同樣的情境做過實驗，結果發現，多加那句「請讓我幫您」，客戶的評價截然不同。實驗結束後，研究人員做追蹤調查，八二%的客戶給予第二種說法極高的評價，七三%的客戶也不認爲程序繁雜。最近美國的客服指導手冊中，一定有這句「請讓我幫您」，想必那些企業都深知行爲經濟學的效果。

改變「時機」，也會影響我們的判斷

——早上和午餐後，更容易獲得假釋

前面我們看過很多例子，了解「狀況」如何影響我們的行爲。事實上，「時段」對我們的決策也有很大的影響力。

良好的睡眠，可以消除大腦的疲勞。我們白天做了太多決策，到了晚上就陷入「決策疲勞」，無法做出最佳判斷。

比方說，你早上起床時，決定下班去健身房運動，或是去咖啡廳念書。結果到了晚上，累得半死，也沒有心力去健身或念書了。各位也有過類似的經驗吧？你還是想去健身房，卻遲遲不肯行動，就是因爲大腦太過疲勞，無法做出決策的緣故。

難怪許多高階主管都在早上思考重要的決策，因爲他們有考慮到時段這種狀況的影響力。

我就舉個例子，證明時段確實會影響我們的決策。這是在以色列的法院做的一項調查結果。

研究人員調查同一個監獄的一千一百件假釋申請。結果發現，假釋的成功率也會受到時段的影響。

法官會審問受刑人，來決定是否核准假釋申請。至於什麼時候審問哪一個受刑人，全都是隨機決定的。但根據研究人員的調查，一天之中，總共有三個時段最容易通過申請（詳見圖表15）。

一大早接受審問的受刑人，有六五％的機率獲得假釋，大概法官在這時段頭腦還非常清醒吧。越接近中午，成功率越低，這也是「決策疲勞」的影響。

等吃完午餐，休息過後，申請假釋的成功率再次上升，接著又慢慢下降。下午的休息時間過後，申請假釋的成功率又再次上升。總共有三個時段，假釋成功率會從六五％降到〇。

圖表15 「時間」與「判決」的關聯

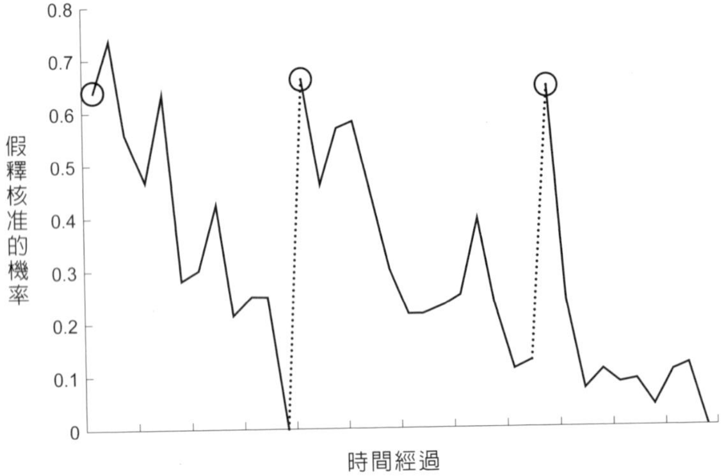

資料來源：Danziger, S., Levav, J., & Avnaim-Pesso, L. (2011). Extraneous factors in judicial decisions. Proceedings of the National Academy of Sciences, 108(17), 6889-6892.

假釋核准與否，必須用系統二謹愼決策，仔細評估犯罪者是否已洗心革面，沒有再犯的可能。因此，在一大早和休息過後，大腦重新恢復活力，核准假釋的機率較高。

不過，隨著判決的次數多了，法官的判斷會逐漸簡化。研究人員發現，這時法官會因爲「維持現狀偏誤」，採取風險較低的決策，也就是拒絕受刑人的要求，再多關押受刑人一陣子。研究的結論是，人在疲勞的時候，會採取風險較低的預設選項。

我們總把勤勞視爲美德，但提倡休息的重要性是有依據的。每天最好安排一些休息時間，不要過勞。

既然了解時段的影響力，投放網路廣告也應該考慮時段，讓廣告更有效果。

比方說，我們在挑選住宅、汽車、保險等高價商品時，會用系統二謹慎評估，因此，這些商品的廣告可以選在「早上」或「午休過後」，人們的大腦還很有活力的時段曝光。至於像新推出的速食餐點，還有刺激消費者衝動購物的時尚商品，必須讓消費者產生直覺性的欲望，所以廣告可以選在「傍晚」或「晚上」，大腦已經很疲勞的時候曝光。各位深夜上網購物時，也經常買一些不必要的東西吧？

——「冷熱同理差距」：美國人在早上買晚餐的理由

人們太不重視「時段」的影響力了。從前述的假釋研究就不難發現，人們並不認爲疲勞會影響自己的判斷力。應該說，我們無法客觀思考自己在不同的狀況下，會受到什麼樣的影響。大多數人只會樂觀想像自己最理想的狀態。

比方說，你剛吃完早餐，精神很好，因此你決定晚上再忙也要自己煮飯，吃健康一點。可是，等到你眞的下班，肚子餓了，就會忍不住買垃圾食物回家。關於情緒因素，下一章還會詳細討論，總之，我們會把「未來的自己」理想化，卡內基美隆大學的心理學家喬治．洛溫斯坦把這稱爲「冷熱同理差距」。

我們在冷靜的狀態下，心理和身體都很穩定。而在激動的狀態下，好比疲倦時會情緒暴躁，飢餓時會有強烈的渴望等等。這兩種狀態都是我們自己，但現在冷靜的自己，無法想像未來激動的自己會是什麼樣子。

早上時，你可能會覺得之後就算肚子餓，也能自己煮出營養均衡的料理，工作再累，下班後也能抽空念書。結果到了晚上，你無法再用意志力控制自己。所以，不要想著改變「自己」，管理「狀況」才是聰明的做法。

例如，重要的活動和會議盡量安排在早上。如果你想善用晚上的時間，卻始終做不到，不妨參加讀書會或健身課程，替自己安排不得不去的狀況。

有些美國人會在早上準備好晚餐，放在公司的冰箱。因爲早上可以冷靜思考，購買健康的食物，所以早上就先買起來放，下班時再把餐點帶回家。就算這時候判斷力下滑，也能按照早上的安排，吃到健康的食物。這就是管理「狀況」的方法。

有人做過一項研究，調查一百多萬件食品網購的內容。結果發現，配送時間指定在幾天後的消費者，訂購的多半是熱量較低的蔬菜。配送時間指定在隔天的消費者，訂購的多半是熱量高又不健康的食品。

消費者在思考自己未來幾天要吃什麼的時候，是處於冷靜的狀態，對「未來的自己」產生理想化的形象，會選購自己該吃的東西。至於馬上就需要食物的消費者，則是處於飢餓又激動的狀態。

第2章的重點

- 人都希望擁有自主性，可以自己做決定。但事實上，我們的決策多半受到周遭狀況的影響，好比天氣好壞、旁邊是否有人，甚至位置、順序都會造成影響。我們以為這些跟決策毫無關聯，實則大有關係。
- 「狀況」會影響我們的判斷，「資訊量」也是其中一項因素。尤其現代社會，資訊過多，反而會扭曲我們的判斷力。我們需要安排一些方法，避免讓自己和他人陷入「資訊過載」的困境。
- 另一個和「資訊量」有關的因素是「選項」，選項也會影響我們的判斷。要提供多少選項，也是非常重要的考量。
- 僅僅是改變提示資訊的「方法」，都可以影響他人。「促發效應」「誘餌效應」「聯合評估與獨立評估」等多項理論，證明了這一點。
- 時段也會影響決策，了解「冷熱同理差距」，就有機會改變結果。

第 3 章

情緒

當下的「情緒」
會影響我們的決策

第3章的「概要」與「謎題」

前面介紹了有關「認知習性」和「狀況」的理論，接下來，要介紹最後一項影響我們決策的要素「情緒」。

傳統經濟學把人類視爲理性的存在，沒有考慮情緒帶來的影響。不過，正面情緒和負面情緒，都會改變我們的決策，進而改變我們的行爲。我們的行爲會受到正面情緒和負面情緒的影響，這似乎是理所當然的事情，然而，情緒左右著我們的決策，這件事本身就很不理性。

「認知習性」和「狀況」時刻影響著我們做決策，然而，「情緒」平穩的時候，對我們的影響力並不大，但「情緒」激動的時候，對我們的影響力反而是最大的。

各位在職場上也有一時暴怒，得罪人的經驗吧。人在生氣時根本無法控制自己。

情緒影響決策的層面非常廣泛，有時候，我們不認爲有影響力的因素，也會影響我們做決策。

有個相當有意思的研究證明了這一點。倫敦商學院的艾力克斯·埃德蒙斯教授，研究四十個國家的人，過去四年用Spotify聽了哪些音樂。他利用人工智慧將音樂分成兩大類，分別是開朗的音樂和消沉的音樂，同時比對同一段時間各國的股價變動。

結果發現，較多人聽開朗音樂的那段時間，各國的股價都有上升的趨勢。

埃德蒙斯教授率領的研究團隊一開始在美國得出這項調查結果時，還懷疑這會不會是美國獨有的現象，但其餘三十九個國家也出現同樣的調查結果。

沒想到，聽的音樂開朗或消沉，也跟股票市場有關。些微的情緒也會影響我們的判斷力，在本章，我們就來學習相關理論。

在進入正文之前，先來了解一下第三章的概要。第三章分爲以下六小節：

1.「情緒」到底是什麼？

談到「情緒」，一般人會聯想到「喜怒哀樂」這些明確的情緒。可是，情緒不見得都是這麼明確的。

比方說，看到喜歡的食物，我們會產生些微的興奮感，這種情緒並沒有達到「喜怒哀樂」的程度，但人類確實有這種「細微的情緒」。而且，比起明確的情緒，這種細微的情緒更容易影響我們。

像這種細微的情緒，也就是所謂的「情意」，是這一章的基礎，我會在第一小節先解說情意的內涵。

2.「正面情緒」如何影響我們的判斷？

情意也分正面和負面，第二小節我會介紹各種理論，幫助大家了解正面情意如何影響我們的判斷。

3.「負面情緒」如何影響我們的判斷？

第三小節我會介紹各種理論，幫助大家了解負面情意如何影響我們的判斷。

4. 情緒也會影響我們花錢的方式

我們花錢的方式和當下的「情緒」密切相關。比方說，使用現金或信用卡，會影響我們對花錢的感覺，以及花錢的方式。了解人的不理性，你就會明白情緒如何影響經濟。

5.「控制感」會影響我們的判斷

如前所述，人都希望擁有自主性，如果缺乏這種「我能控制自己行爲」的感覺，就會產生負面的情意，負面的情意也會導致不理性的決策。所以，從這個角度來看，「控制感」也會間接影響我們，讓我們做出不理性的決策。

這一節會探討「控制感」如何影響我們做決策。

6.「不確定性」會影響我們的判斷

「不確定性」是行爲經濟學的重大議題。人天生厭惡「不確定性」，那種無法捉摸的感覺會引發負面情緒，負面情緒又會導致不理性的決策。這一節就來認識相關理論，了解「不確定性」如何影響我們做決策。

來看一個跟「情緒」有關的謎題：

Quiz

你下個禮拜要飛往倫敦，保險公司推薦你買保險，A和B兩種保險方案，你分別願意花多少錢購買？

- A保險：不問理由，身故就給理賠金。
- B保險：只有遇到恐怖攻擊而身故，才給理賠金。

「情緒」到底是什麼？

上一頁的謎題，各位的答案是什麼呢？這是艾瑞克．強森實際做過的行為經濟學實驗，我們以前也曾一起做過研究。

研究人員將實驗對象分爲A和B兩組，分別推薦他們A和B兩種保險方案，並詢問他們願意花多少錢買保險。A組的人願意花十二美元買保險，B組的人則願意花十四美元買保險。換句話說，人們願意多花一五％的價格購買B保險。

然而，仔細想想你會發現，遇到飛機故障或惡劣天候的機率，遠比遇到恐怖攻擊高多了，而且A保險的理賠是不問理由的，當然也包含遇到恐怖攻擊。按常理思考，應該花更多錢買A保險才對。

但人們反而願意花更多錢買B保險，因爲「恐怖攻擊」這個字眼太鮮明，觸動了他們的情緒（各位也許不太能體會，但在美國和一些國家，害怕「恐怖攻擊」的人非常多。我們可能聽到

「大地震」會比較有感覺吧）。

像這樣，情緒會使人做出不理性的判斷。而「情意」又是「情緒」的基礎，我們先來了解一下情意的內涵。

——「細微的情緒」比喜怒哀樂更容易影響判斷

行為經濟學探討的「情緒」，除了一般人認知的「喜怒哀樂」以外，還有情意這種較為細微的情緒。像「喜怒哀樂」這類「明確的情緒」，行為經濟學稱之為「離散情緒」（以下簡稱情緒）。

在職場上完成一件困難的工作，或是經歷失戀、喪親、羞辱等等，遇到這些重大事件，我們會產生情緒，但人的情緒不光如此，其實，我們內心經常懷著各種「細微的情緒」，只是沒有「喜怒哀樂」這麼明確。

例如，喜歡漢堡的人，看到漢堡，會有眼睛為之一亮的感覺。不喜歡茄味的人，光是聽到「香菸」這兩個字，就會產生些微的反感。這種瞬間浮現的細微情緒，行爲經濟學稱之爲「情意」，跟「情緒」是不一樣的。

日常生活中，我們不會經常浮現「明確的情緒」，反而是「細微的情緒」更頻繁出現。因此，在考慮情緒對決策的影響時，必須先了解「情意」，這才是經常出現在我們生活中的。

順帶一提，情意會使我們做出不理性的決策，我的恩師奧勒岡大學的決策心理學專家保羅．斯洛維克把這種現象稱爲「情意捷思」。他指出，人會把自己感受到的情意，當成「認知捷徑」的基準。

根據諾貝爾獎得主康納曼的說法，在過去幾十年的捷思研究當中，這項理論是最重要的進展。

情意是導致不理性決策的因素之一，但這對人類來說也是必要的。我們每天要面對無數的判斷，如果每件事都仔細思考的話，根本處理不過來。但因爲有這種細微的情緒，我們把情意當成「認知捷徑」的基準，很多判斷不必多花時間，能快速決策，也能即時採取行動。

情意會在無意識中影響我們的決策，當然也會造成不理性的決策。

那麼，「情意」究竟會產生多少不理性的決策呢？來介紹一個相關實驗。這是加州大學聖地牙哥分校的彼得．溫克爾曼做的實驗。他先讓實驗對象看「笑臉」「怒容」「與人無關的圖形」等照片，時間只有〇．〇一秒，之後再給他們看沒人懂的楔形文字（美索不達米亞文明使用的文字），時間為兩秒。由於〇．〇一秒的時間太短，實驗對象完全不曉得自己有看到照片，他們以為自己只是看了很多的楔形文字。

接著，他請教那些實驗對象，對每一個楔形文字有什麼印象。大部分人喜歡的，都是出現在笑臉之後的楔形文字。

如果是自己的母語，我們會有某種程度的印象，這是理所當然的，但實驗對象看的是從未見過的古代文字，照理說他們不該有任何印象，而且「人的表情」和「文字」毫無關聯。

即使如此，人的判斷力還是受到影響，這就是「情意」的作用。實驗對象看到笑臉的那一瞬間，內心產生了細微的情緒（情意）。這情緒跟古代文字毫無關聯，卻還是讓他們對古代文字產生了潛在性的好感。還有什麼比這更不理性的！

情意影響的是我們的潛意識，我們很難注意到情意的影響力。透過這個實驗，我們才明白情意的影響力有多大。

這一章，我會說明情意的內涵，當然也包括情意捷思。

——了解人的「情意」

情意會在各種情境下影響我們的決策。

舉個例子，人工智慧的應用層面越來越廣，這幾年，我的客戶也提出不少相關的需求。對多數人而言，人工智慧是從未體驗過的技術，人們是如何看待這項未知的技術呢？關於這個問題，可以從情意的角度來思考。

「自動駕駛是否安全？」這個問題大家都很關心，然而，大部分人在回答這個問題時，並不是根據「自動駕駛」的知識來評估安全性。他們純粹是憑感性，對自動駕駛有好感就回答「是」，稍有疑慮的話就回答「否」。換句話說，判斷的基準不是

「思考」，而是「情緒」，而且是相當細微的情緒，也就是「情意」。

所以，想要影響他人，光從理性的角度說明技術或性能多先進是不夠的，還得訴諸「情意」才行。

如果你想要讓對方接納一樣東西，必須先了解對方的「情意」。

不要只是用理性的資料說明自動駕駛技術有多安全，先了解對方對於自動駕駛抱有正面情意還是負面情意，才能對症下藥。

反對的人，主要是受到負面情意的影響，沒理由地覺得自動駕駛不安全、很危險。所以，如果你希望對方接納，就算是與自動駕駛無關的事，也最好不要誘發他們的負面情意。

顏色有誘發情意的效果。如果我的客戶在賣自動駕駛車，我會建議他們避免使用紅色。紅色會讓人下意識聯想到危險和風險。白色是比較好的選擇，白色給人乾淨無瑕的印象。在美國，自動駕駛車以特斯拉占大宗，路上多是白色的特斯拉，從行爲經濟學的角度來看，這是可以理解的。

除此之外，很多需要理性判斷力的工作，其實也會受到「情意」的影響。有個實驗找來一群精神科醫生，請他們判斷某位患者能否出院。

研究人員不是讓他們直接判斷，而是先把所有醫生分成兩組，再分別用不同的提問方式請教這兩組醫生的看法。

【對第一組的提問】

「從過去的數據來看，跟A患者有相同症狀的患者，每一百人中就有二十人會對他人施暴。」

【對第二組的提問】

「從過去的數據來看，跟A患者有相同症狀的患者，有二〇%會對他人施暴。」

兩組提問的內容一模一樣，純粹是表現手法不同罷了，但兩組精神科醫生的判斷明顯有了差別。

第一組醫生聽到「每一百人中就有二十人會對他人施暴」，有四一%的人反對患者出院。第二組醫生聽到「有二〇%會對別人施暴」，只有二一%的人反對患者出院，足足少了一半。醫生聽到「二〇%」這個比率，並不會有太大的感觸，至於「二十人」則是具體的數字，會讓人聯想到實際施暴的人，產生負面的「情意」。

如果人是理性的，就不會僅僅因爲提問方式不同而改變決策，但這個例子告訴我們，框架會造成負面的情意，連醫生都無法做出理性的判斷。

醫生受過專業的訓練，照理說應該根據資料做出冷靜的判斷，結果連醫生都受到影響，我們也應該留意才是。

此外，還有一項研究是關於情意如何影響我們幫助人的意願。假如有人向我們求助，我們對求助的對象或狀況必須有強烈的情緒，才會想幫忙。我想這是大部分人都能接受的說法。

不過，我念研究所時，和恩師斯洛維克一起做過情意的研究，我們將實驗對象分成幾個組別進行調查和比較，發現這種情緒也是可以促發的。

實驗對象分成下列三個組別：

- 第一組：請他們寫下對特定人事物的感覺（情意促發）。
- 第二組：請他們做簡單的計算（分析促發）。
- 第三組：沒有任何指示。

實驗結果顯示，第一組受到情意促發的影響，更樂意幫助非特定的對象，比第三組高出兩成左右。因此，如果你要請求別人的幫忙，先關心對方的狀況或心情，聊一些和情意有關的話題，這麼一來，對方會更樂意提供協助。反之，當對方在處理分析性質的工作，好比製作報表或分析數據時，你去拜託對方幫忙，成功的機率就很渺茫。

實驗結果也證明，人們之所以願意幫忙，主要有兩個原因，一個是怕不幫忙會後悔，另一個是幫了忙以後，可以感受到正面的情意。

尤其碰到值得同情或感同身受的對象時，人們會提供更多額外的協助，而不只是最基本的協助。

——安東尼歐・達馬吉歐與「情緒標記」

那麼，「情意」是如何產生的呢？

知名的神經科學家安東尼歐・達馬吉歐，曾經研究大腦掌管意識和情緒的區塊，他發現，過去的經驗會在我們的大腦中產生標記。

比方說，看到小狗就不禁微笑的人，通常小時候都有跟小狗玩耍的經歷，在大腦中產生了「正面的情緒標記」。反之，看到小狗就害怕的人，可能從小就被爸媽叮嚀，要小心被狗咬，所以在大腦中產生了「負面的情緒標記」。

每個人在一生中累積了許多細微的情緒標記，「情意」就是這樣來的。

我在講解情意的時候，會拿出咖啡、漢堡、可愛的動物，以及爬蟲類、蜘蛛等等的照片，請聽者體會自己對那些照片產生的情緒。這些「細微的情緒」沒有強烈的悲喜，但人們都知道那是正面還是負面的感覺。

微不足道的情意對決策有很大的影響力。請各位試著回想平常工作時會碰到的各種字眼，聽到正面的字眼，產生正面的情意，是不是會讓你比較有動力？

相對的，當你產生負面的情意，心情就會變得憂鬱，想要拖延，對吧？從這些例子各位就能感受到，情意不只影響我們的決策，也會影響我們的實際行動。

——情意也會在網路上傳播！

身邊的人高興，我們也會跟著高興，看他們難過，我們也會跟著難過。相信各位都有這樣的體驗，也都能理解這樣的感受。

可是，情意不只會在現實生活中影響我們的決策。在網路上，他人的情緒對我們也有很大的影響力。

臉書的資訊科學家亞當．克拉默做過一項實驗，對象是六十八萬九千名臉書用戶。他想知道動態消息會對用戶的情緒造成多大的影響。他把用戶分成三組，讓他們看到不一樣的動態消息。

- 第一組：刻意讓他們看不到好友的「正面貼文」。

- 第二組：刻意讓他們看不到好友的「負面貼文」。
- 第三組：不進行任何操作。

結果發現，這些用戶的行爲有了明確的差異。

第一組用戶的動態消息上看不到正面貼文，只看到負面貼文，結果用戶的負面貼文也增加了。

另一方面，第二組用戶的動態消息上看不到負面貼文，只看到正面貼文，結果用戶的正面貼文也增加了。

朋友在臉書上表達的情緒，也會影響到我們的情緒。換句話說，人的情緒會透過社群網站大規模傳播，這個實驗也引起廣泛的議論。

至於表情、動作、音調這些非語言的溝通方式，也有傳播情緒的作用。例如，朋友去了喜歡的咖啡廳，在社群網站上打卡，看到那種正面貼文，我們也會跟著產生好心情。情緒就是這麼容易「互相感染」。

情緒也會影響工作效率，這點後文還會詳述。主管的情緒很容易影響到部屬和團隊的表現，因此，生氣、擺臭臉就不用說了，就連一點點煩躁，部屬都感受得到，當主管的人應該多留意才是。

了解並管理自己的情緒，用系統二決定如何表達自己的情緒，也是身爲主管相當重要的工作。

「正面情緒」如何影響我們的判斷？

上一節我們學到了「情意」的內涵，這是本章的基礎。情意又分「正面情意」和「負面情意」。第二節的焦點放在「正面情意」，一起來看看相關理論吧。

——擴展與建構理論：正面情意有助於提升業績

首先說明正面情意有哪些好的影響。

正面情緒會引發上升螺旋，帶領我們走向幸福。這並非空口白話，而是有研究論文佐證的事實。北卡羅來納大學的心理學家芭芭拉・佛列德里克森，最初發表了「擴展與建構理論」，如今有兩萬多份論文引用她的理論。正面情緒會拓展一個人的眼界和思考，消除壓力造成的身心不適。不但如此，正面情緒還會讓我們更有韌性（心理的回復能力），能力、活力、幹勁都會跟著提升，人脈和活動範圍也將更加廣泛。

也就是說，正面情緒有助於提升工作效率和品質，減輕身心的負擔。

正面情緒對個人有好的影響，隨著成果的累積，企業、經濟也會更上一層樓。正面情緒的作用絕不容我們輕忽。

可是，在傳統經濟學看來，「成果隨著情緒變化」這件事就非常不理性。傳統經濟學忽略了「情緒」對經濟的影響，所以無法解釋經濟或商業的實際狀況。

情意是一種細微的情緒，大多數人都沒有自覺。但我身邊的商業菁英都懂行爲經濟學，他們對自己和別人的情意也特別敏感，能有效利用情意的影響力。我們可以利用「後設認知」，覺察並客觀掌握自己的情緒。

在辦公桌上擺放全家人開心出遊的照片，或是準備一枝高級、好寫的鋼筆來簽約，不然試著想像正面事物，讓自己產生好心情，對於提升創造力也很有幫助。壓力龐大的會議結束後，喝杯熱飲喘口氣，都是立刻就能實踐的正面情意活用法。

情意不會持續太久，但相對的，也容易浮現。強烈的喜悅，必須先有豐碩的成果才會浮現。而細微的情意，可能喝一杯喜歡的咖啡就有了，換言之，這是一種容易活用的情感。

我一直很關注正面情意的作用，也是我博士論文的主題，因爲這是一種對商業有實際利益的情緒，也能影響經濟。

現在美國出現大離職潮，上班族不再忍受不開心的工作環境，這種思維已經相當普遍。後疫情時代，人們的價值觀和工作方式都改變了，沒辭職的人也不會把工作當成生活的重心。所以，我們有責任把正面情意活用在職場上。部屬的工作表現取決於主管，身負管理責任的主管，如何讓下屬和同事開心工作也是一大要務。

「部屬能否拿出成果，是主管的責任。」

「如果不能開心工作，就不會有好的成果。」

這是我的哲學，也是我的口頭禪。當然，工作是有責任的，不可能只有愉快的事情，但總的來說，如果不能開心工作，就不會有好的成果。

因此，主管必須留意部屬的情意，再按照前述的理論，賦予部屬權限，讓他們去做自己想做的事情。

部屬感受到主管的信賴，會提升正面情意和自我肯定感，如此一來，集中力、思考力、責任感也會跟著提升。部屬的成長才是最令人開心的事。

工作品質提升，業績自然成長。在職場上積極活用正面情意，這是一件很重要的工作。

——使用平板電腦會產生「心理擁有感」，讓人衝動購物

當我們認爲某一樣東西屬於自己，就算實際並非如此，這種情感也會影響我們的行爲。「心理擁有感」也和正面情意有關。

舉個例子，員工並不是老闆，也不是大股東，並不具備公司的所有權。但只要員工對公司有歸屬感，熱愛自己的工作，這種心理擁有感會提升正面情意，激發工作的動力。哈佛大學商學院的法蘭西絲卡·吉諾做過一項調查，發現對公司心理擁有感較

高的員工，會主動詢問需不需要幫忙，比例高出其他員工三成以上。

心理擁有感較高的員工，對公司有歸屬感，以身爲組織的一員感到驕傲。他們會積極協助同事，工作成果和工作滿意度都會提升。

「稟賦效應」是和心理擁有感相關的理論。

許多人都喜歡用網拍，各位上網賣東西，都有價格訂太高的經驗吧？這就是所謂的稟賦效應，我們都覺得自己的東西很有價值，即便在別人眼中可能根本沒價值。

關於稟賦效應還有一項有趣的研究。

研究人員將實驗對象分成兩組，A組使用平板電腦，B組使用一般的電腦，請他們上網購買毛衣和觀光景點的門票。研究人員先問他們願意花多少錢購買那些東西，之後再問願意用多少價格轉賣自己買到的東西。

結果發現，兩組人馬轉賣門票的價格差不多，但轉賣毛衣就不一樣了，操作平板電腦的組別設定的價格，比操作一般電腦的組別還要高。

因爲A組會實際用手指觸碰平板上的毛衣圖片，這動作會讓人對毛衣產生較高的占有欲，覺得毛衣特別有價值。至於觀光景點的門票，因爲沒有圖片，人就沒有受到影響。如果你用手機上網購物，總是忍不住買一大堆衣服、飾品，或許就是受到稟賦效應的影響。

稟賦效應不只對日常瑣事有影響，對企業併購這類的重大商業行為也會有影響。我的好友傑夫．克萊斯勒是JP摩根的行為科學部長，他處理過客戶的遺產繼承問題。那位客戶去世後，留下了價值數十億日元的公司，客戶的子女沒接觸過那項事業，對公司和業界知識一竅不通，在經營上遇到了重重困難。不過，那是父親辛苦打下的江山，對於繼承的公司也不甘心放手。就在客戶子女舉棋不定的時候，傑夫對他們說明了稟賦效應。於是，他們發現自己的偏誤和不理性，最後決定把公司賣給合適的對象。

「負面情緒」如何影響我們的判斷？

認識了正面的情意，接著來看負面的情意。不只正面情緒會改變我們的行爲，負面情緒也有同樣的影響力。

商業人士都會避免情緒化的反應，不輕易動怒，或展現自己脆弱的一面。一般人對起伏較大的負面情緒比較有自覺。

然而，強烈的情緒不會經常浮現。眞正頻繁浮現的是「負面情意」，這種細微的負面情緒，才是影響我們判斷的主因。奧勒岡大學的艾倫·彼得斯教授，也是我的恩師，她寫過五十部關於情意的論文，根據她的說法，人類無時無刻都感受到情意，而情意也無時無刻影響我們的決策。

相信各位都有類似的經驗，有時候我們對某件工作會有莫名的厭倦感，受到這種情緒的影響，處理工作也拖拖拉拉。

可能你的周圍有一些悶悶不樂的人，或是情緒不穩、反應冷淡的人，也有那種缺乏專注力、坐立不安的人，那些人通常對自己的負面情意毫無自覺。

從這些例子不難發現，頻繁影響我們決策的不是大起大落的情緒，而是這些細微的負面情意。接下來，我們了解一下，負面情意和不理性決策有何關聯。

——「負面情意」到底是好是壞？

從演化的角度來看，情緒是很有用的東西。心理學認爲，憤怒、恐懼等負面情緒，和戰鬥或逃跑的本能相關。在遠古時代，發現樹叢裡有猛獸時，恐懼和不安的情緒會命令我們逃跑，這種情緒對維持生命很有幫助。

隨著人類演化，生活中的危險大幅減少，但負面情緒還是頻繁出現。而且我們知道，負面情緒對各種行爲都有不良影響。

因此，我的看法是，我們應該了解自己的負面情緒，並且盡可能有效活用。

「認知再評估」是相當知名的研究，對商業行爲也大有益處。認知再評估的涵義是，關注自己心中細微的情緒，深入理解，再評估，對我們可以有很大的幫助。

負面情意說穿了，就是大腦中些微的不安和不滿。這種情緒不強烈，不仔細留意的話，很難察覺，但置之不理，又會越來越嚴重。

所以，要先養成習慣，留意大腦中的情意，察覺那些負面情意，並且認同負面情意。比方說，你察覺自己有些不安，不妨把這份不安說出來，然後思考自己不安的原因。也許你被公司委以重任，但你缺乏信心，這就是你不安的原因。了解自己不安的原因，心情也會安定一些。

下一步，你要重新評估自己的不安，把負面情意轉換成正面情意。被委以重任，代表公司對你有所期待，應該好好努力才對。或者，工作出了包，心情非常失落，這時候你要告訴自己，犯錯也是寶貴的經驗，未來再碰到同樣的問題就知道怎麼處理了。研究也顯示，重新評估有助於減緩負面情意。

負面情緒對身心都有不良的影響，然而，一味地壓抑負面情緒是沒用的，我們應該想一個聰明的方法，好好面對負面情緒。

有時候我們會忍不住跟成功的人比較，害自己心生嫉妒、失去自信，各位也有類似的經驗吧。走自己的路，不跟別人比較，這麼思考也是一種方法，但前面的章節提過，行爲經濟學的研究已經證實，人是透過「比較」來理解事物的。

大腦不是靠單一資訊來理解事物，會比較周圍的資訊。可以說，「比較」是人類的預設選項。

問題是，比較容易產生負面情緒。該如何排除嫉妒或失落的情緒呢？

把心有不甘的情緒，轉化成積極進取的動力是一種方法。可以用正面的框架，鼓舞自己努力效法成功人士。或者用負面的框架，督促自己好好努力，不要輸給對方。害怕輸給對手的不安情緒，能夠轉化成努力的原動力。

另一種方法是改變比較的對象。比方說，不跟成功人士相比，跟五年前的自己相比，列出自己實際進步了多少，藉此認同自己的成長。或者將目光看向剛出社會的新鮮人，自己剛出社會時也是毫無經驗，有很多東西要學，但現在已經不一樣了，代表自己努力過，也確實成長了。

——利用情緒提升演說的水準

哈佛商學院的艾利森．布魯克斯教授也以實驗證明「認知再評估」能有效轉化負面情緒。

研究人員要求實驗對象進行兩分鐘的演說，他們必須在兩分鐘內，說明自己的工作能力有多好，協調性有多高，對公司多有貢獻，而且要有說服力才行。這些要求對實驗對象來說壓力很大。

一般人要在大眾面前發表演說就已經很緊張了，研究人員還設定了一個令人不安的條件，每個人的演說都會被錄下來進行評分。

他們將實驗對象分成兩組，請他們上台前分別唸出以下兩段心理暗示：

- 第一組唸：「我現在躍躍欲試。」
- 第二組唸：「我現在是平常心，非常冷靜。」

結果顯示，第一組演說起來特別有自信，評分也較高。

不安和緊張的負面情緒不會輕易消失。一味地否認緊張的情緒，強迫自己冷靜下來，只會有反效果。相對的，第一組採用的方法更有效，先覺察自己的負面情意，再將負面情意轉化成「動力」或其他正面情意。

再舉一個類似的研究。多數美國人都不喜歡數學，研究人員找來一群人，要求他們解困難的數學題目。實驗對象分成三組，分別下達不同的指示：

- 對第一組的指示：「請各位冷靜作答。」
- 對第二組的指示：「請大家開心解題，把這當成挑戰。」
- 對第三組不下達任何指示，只請他們解題。

比較三組人解題的結果，發現第二組的正確率，比其他兩組高出二二%。

從這些實驗可以得知，忽視或壓抑負面情意，可能會造成不良的影響。接受自己緊張的事實，轉換成「躍躍欲試」的心情，這才是好方法。

——立刻擺脫負面情意！

要開始一項工作或一種運動時，有明確的目標當然是好事，但有時候，這些目標會讓我們產生負面情意，覺得達成目標很困難，便想要直接放棄。如果各位經常碰到這種情況，不如不要訂立目標，抱著嘗試的心情去做那件事就好。

好比寫企畫案、運動、讀書，不需要訂立目標，直接開始就對了。給自己設定目標，逼自己一定要在時間內完成，會讓人產生負面情意，降低動力，在實際動手之前，就開始設想各種放棄的藉口。

所以，在負面情意出現之前，就先動手去做，有了一點成果之後，自然會產生正面情意。畢竟，「動手去做」就是一種成果，短短五分鐘的努力也會帶來成就感。而且實際踏出第一步，會產生維持現狀效應，讓人持續下去。

換句話說，「小小的成果」成效斐然，用這種方式循序漸進，逐步追求更大的成果。我平常運動就是用這種方式，不需要訂立目標，直接騎上飛輪就對了。一開始想踩個五到十分鐘就好，等十分鐘過去，我會告訴自己，有氧運動要做二十分鐘才會開始燃燒脂肪，那就踩二十分鐘吧，不然前面就做白工了。用這種方式逐步設定小小的目標。

都持續二十分鐘了，要延長到三十分鐘就容易多了。這時候我會看一下 Apple Watch，上面顯示已經消耗七十五大卡的熱量，看到運動有了成果，萌生正面情意，接著，我會設定更大的目標，想看到 Apple Watch 上顯示熱量消耗達到一百大卡。我就用這種方式持續欺騙自己的大腦，不知不覺間就達成「運動一小時」的目標了。

當然也會有睡眠不足，狀態不好的時候，這時候我會直接放棄，勉強運動只會產生負面情意，把運動當成一件痛苦的事。

關鍵在於，我們要有創造正面情意的習慣，不能光想著要杜絕負面情意。努力過後，你要讚美自己做了一件了不起的事，而不是用金錢或物品來犒賞自己。很多實驗也證明，讚美自己所產生的正面情意，遠大於物質的犒賞。

——利用負面情意，督促自己達成目標

這一節的最後，我再介紹一個利用負面情意來改善行爲的例子。

懂行爲經濟學的人都知道，把自己的新年抱負說給別人聽，是一種很有效的方法。各位知道爲什麼嗎？

因爲把自己的抱負說給別人聽，你會擔心萬一沒達成，其他人不曉得會怎麼想。我們都知道壓力太大有害身心，但適度的負面情意，反而會產生正面的作用，就好比現在探討的這個例子。有了適度的負面情意，你會更努力達成目標，避免讓自己沒面子的情況發生。而且眞的達成之後，旁人的讚賞又能帶來正面情意。

有個網站就是利用負面情意幫助網友達成目標，要是沒達成自己設定的目標，就得捐錢給自己討厭的組織或團體，相當有意思。

舉例來說，你平常有支持的團體，如果沒達成目標，就得捐錢給該團體的競爭對手，例如政治立場相左的慈善團體等。

二〇〇七年成立的 stickK.com 就是這樣的網站。使用者可以上網設定自己想達成的目標，以及要支付的金額。

此外，還要設定如果沒達成目標，要怎麼處理那筆錢（例如捐給自己討厭的慈善團體）。如果在期限內完成目標，就能拿回那筆錢。沒達成的話，就得按照事前的設定，捐給你討厭的慈善團體。

要捐出自己的血汗錢，而且還是捐給自己最討厭的團體，人會爲了迴避這種負面情意，努力達成目標。

這也是善用負面情意和正面情意的範例。

情緒也會影響我們花錢的方式

前面我們學到了情意對不理性的決策有多大的影響力。

情意又分「正面情意」和「負面情意」，這些情意會使我們做出各種「不理性的行爲」，尤其在「花錢」這件事情上。

比方說，情緒低落的時候，會忍不住多花錢，相信各位也有類似的經驗吧。如果人眞的是理性的，就不會任由情緒讓我們這樣亂花錢。但人就是很容易受到情緒的影響，做出「不理性的消費」。

經濟（商業）是人類「不理性的消費」的總結，想當然，經濟也是不理性的，同樣會受到情緒的影響。

這一節來探討情緒如何影響我們「花錢的方式」。

——亞馬遜利用「無現金效應」麻痺你的感覺

前面介紹過「心理擁有感」，使用平板電腦或手機上網購物，會覺得商品更有魅力，這就是情緒影響花錢方式的實例。

換句話說，對於還在挑選的商品，最好不要產生「占有」的情意。不過，對於「金錢」，產生「占有」的情意，反而不容易亂花錢。以此類推，以現金付款或利用無現金支付，也會影響到我們花錢的方式。

無現金支付正迅速普及，根據日本消費廳公布的數據，在二〇一九年十二月，無現金支付的普及率爲五四．二％，到了二〇二二年二月，成長到六四％。現在美國很少人用現金了，大家都已經習慣用信用卡或手機支付。

可是，從行爲經濟學的角度來看，使用無現金支付，更容易讓人亂花錢。因爲使用無現金支付，使用者感受不到花錢的痛，也常常搞不清楚自己到底花了多少錢。所以，對於「花錢」這件事很難產生負面情意，自然就花錢如流水了。

反之，使用現金付款，透明度較高，你會看到自己眞的付了錢買東西，並且清楚感受到自己花了多少錢。這時候容易產生負面情意，就不會亂花錢了。

像亞馬遜這類電商，都有提供信用卡支付，甚至還有一鍵支付的功能。當你看到喜歡的商品，受到正面情意的影響，對金錢的感覺會被麻痺，變得薄弱。尤其你感受不到自己正在花錢，也就不會產生負面情意，錢就這麼在不知不覺中花掉了。

當然，信用卡和行動支付有其安全性和便利性，可以視情況使用，像健康或教育這類投資在自己身上的開銷，就可以使用信用卡支付。因爲以現金支付，會感受到「花錢的痛」，你會捨不得花這筆錢。因此，只要是必要的開銷，刻意使用信用卡支付也是一個方法（但也不能超乎自己的預算）。

至於去星巴克喝咖啡這種有點奢侈的享受，就以現金支付。咖啡的香氣會讓我們產生正面情意，在不知不覺中把錢花掉。所以要以現金支付，親手點鈔，把錢付出去，這樣你才會清楚感受到自己正在「花錢」。而且你是有意識的消費，付出自己的血汗錢，也更能體會這種有點奢侈的享受。

——為什麼標價 20.00 比 $20.00 賣得更好？

另一項有趣的實驗，分析了人對金錢的心理距離。研究人員在某家餐廳安排了兩種菜單：

- A菜單寫「○○○　$20.00」，每一道菜都有標示$＋金額。
- B菜單寫「○○○　20.00」，每一道菜只有標示金額。

兩種菜單只差在有沒有標示「$」符號。至於菜單的設計，以及菜色等條件都一模一樣。

結果，拿到B菜單的客人消費額度大幅增加。

菜單上就算沒有「$」符號，客人也知道那數字代表金額，但少了「$」符號，人對於「花錢」這件事比較沒感覺，消費也就沒顧忌了。

日本有些國際飯店或高級餐廳，菜單上也只標示數字。如果你是做生意的，希望業績提升，那就只要標示數字。如果你是消費者，看到只有標示數字的菜單，最好謹慎消費。

此外，使用行動支付，雖然有點數回饋，但會產生「無現金效應」，這也是企業的戰略。比方說，有些電商標榜可以退貨，但退回來的不是現金，而是點數。我們不會把點數當成錢，很容易就把點數用掉。

賭場和電子遊樂場使用代幣也是同樣的道理，這都是生意人要讓你花錢如流水的伎倆。

──「目標漸近效應」：讓人欲罷不能的積點卡

不只無現金支付和點數暗藏玄機，就連積點卡也有行爲經濟學的戰略。舉個例子，有兩家咖啡廳，兩家咖啡廳都有給消費者積點卡，每購買一杯咖啡就蓋上一點。

- A咖啡廳：集滿十點就免費送一杯咖啡。
- B咖啡廳：集滿十二點就免費送一杯咖啡，但一開始就先蓋好兩點。

仔細想想你會發現，其實兩家咖啡廳都是集滿十點就送一杯咖啡。但消費者拿到B咖啡廳的積點卡，會以更快的速度積滿十點。

因爲B咖啡廳的積點卡已經先蓋好兩點了，拿到免費的兩點，讓消費者產生正面情意。

再者，「目標漸近效應」也發揮了作用。消費者每次看到積點卡上的點數增加，就快要達標了，這種正面情意，會促使他們積極消費。

在你要開始處理一連串的工作時，也能用這樣的方法提升自己的工作動力。假設你有二十項待處理的任務，也列出了清單，但看到清單上一連串的工作，就沒心情做事了。遇到這種情況，在安排清單的時候，可以將一些簡單的任務放在前面，好比確認電子郵件等等。一下子就完成了兩、三項任務，你會產生類似成就感的正面情意，再接再厲。

不過，處理完一半的工作以後，你可能就後繼無力了，這時候，不妨把剩下的任務移到新的清單，給自己一個全新的開始。

積點卡活用了「正面情意」和「目標漸近」這兩項行爲經濟學的理論，未來也會活用在各種行動支付或消費點數上吧。這些方法有助於提升營業額，鞏固消費者的忠誠度。消費者在申請積點卡時，也會主動奉上個人資料。

積點卡一開始就先蓋好兩點，對店家也沒損失，只需花點力氣和墨水蓋印章，就有顯著的效果，是非常聰明的戰略。

——花錢買幸福的五種方式

現在，我們了解情緒會如何導致「不理性的消費」。但從另一個角度來說，花錢可以調適我們的情緒，這也是人類有趣且不理性的地方。

這一節的最後，我們就從行爲經濟學的觀點學習「幸福的花錢方式」。

英屬哥倫比亞大學的伊莉莎白．鄧恩教授和哈佛商學院的麥可．諾頓教授，寫了一本關於行爲經濟學的理財書籍，書名是《快樂錢》，裡面舉出五大原則，教導讀者幸福的花錢方式。

1. 買經驗

花錢買「經驗」，獲得的幸福感遠高於單純購物，好比旅行的幸福感就比買衣服要來得高。經驗就是「時間」，你等於把錢花在比金錢更有價値的事物上。我們經常會送家人和同事禮物，不妨送一些可以同樂的東西，或是喜歡的活動票券。

2. 稀有的犒賞

買自己喜歡的香水或領帶，每天使用，會變得習慣，幸福感也會跟著降低。稍微忍一忍，規定自己只在特別的日子或心情不太好的禮拜一使用，這就成了稀有的犒賞，喜歡的東西會帶給你莫大的幸福感。

3. 買時間

花錢讓自己的生活更從容，也會提升幸福感。例如，租貴一點的房子，住在離職場近一點的地方，減輕通勤的身心壓力。另外，利用家事服務、外賣，也是花錢買時間。去海外出差或旅行，買貴一點的直達機票，省下轉機的不便，也是買時間，這些都是幸福的花錢方式。有些人爲了省錢，讓自己過得充滿壓力，最後反而爲了紓壓而亂花錢。相比之下，花錢買時間更健康，也聰明多了。

4. 預購

購買演唱會的預售票，比當天才買票多了兩種好處。第一種好處是，隨著演唱會的日子接近，你的期待感也越來越高。第二種好處是，你會忘記花錢買票的痛，可以單純享受演唱會的樂趣。反之，當天才買票，你會惦記自己花了多少錢，很難盡情享受演唱會。

5. 投資別人

把錢花在別人身上的幸福感，遠勝於花在自己身上，這也很不理性。曾經有人做過實驗，將實驗對象分成兩組，一組把錢花在自己身上，另一組把錢花在別人身上。之後，研究人員調查這兩組人的幸福感，結果發現，把錢花在別人身上的組別，幸福感較高。另一個實驗也有同樣的結果，花錢買糖果送給重病住院的孩子，比起買給自己，幸福感更高。

按照這些原則花錢，能夠提升自己和旁人的正面情意。希望各位都能學會這種聰明的花錢方式，讓自己更幸福。

「控制感」會影響我們的判斷

——人是熱衷控制的動物

前面也提過，人總以爲自己的決策和行爲是出於自由意志，可以控制自己的人生，也都希望擁有這樣的自主性。所謂的控制，就是能夠自己做主，讓事情朝自己期望的方向發展。

提升自己的「心理控制感」，工作的滿意度和幸福感也會跟著提升。再者，提升部屬的心理控制感，部屬會更有拚勁和責任感，有助於降低離職率。

問題是，現實社會不可能凡事都照我們的想法進行。換句話說，我們不見得時時刻刻都感受得到控制感。

相信各位憑直覺就能理解，自己的人生受到他人或環境的鉗制是多麼令人討厭。調查也顯示，這種「心理控制感」降低，會讓人產生負面情緒。負面情緒又會害我們做出不理性的決策和行爲。此外，被外在因素（他人或環境）控制的感覺，對生理也有不良的影響，會罹患憂鬱症、焦慮、壓力等等。

既然心理控制感如此重要，我們就來深入了解一下。

——南加州大學關於抽血與控制的實驗

當我們覺得難過或壓力大的時候，就會想花錢買東西，這也是試圖找回心理控制感的一種情緒反應。

受到他人或環境的鉗制，我們會覺得難過，不管自己做什麼都沒有用，心中會產生無力感。於是，想盡快奪回主導權的欲望會越來越強烈。

買東西可以憑自己的意志挑選，用自己的力量（金錢）占有這項東西。簡單說，消費很容易讓我們感受到自己握有主導權。

麻煩的是，心情不好就買東西發洩，這樣錢再多也不夠用。

密西根大學的史考特．瑞克教授做過一項實驗，證明「只看不買，心情也會變好」。

他先讓實驗對象瀏覽電商網站，請他們挑選喜歡的商品放進購物車。因爲沒有結帳，比較像是在逛街。

沒想到，本來覺得悲傷的人，心情緩和了不少。只是把東西放進購物車，就產生了「實際購物的效果」。

順帶一提，史考特也找來憤怒的人做實驗，但虛擬的購物經驗無法消除憤怒。理由是，憤怒是有指向性的，也就是對特定的人或特定的狀況感到憤怒。因此，靠買東西提升心理控制感，無法緩和憤怒的情緒。確實，當我們在職場上受了別人的氣，買東西也很難平復怒氣。

企業不妨增加商品的顏色，讓消費者選擇自己喜歡的顏色，或是提供客製化服務，讓消費者可以指定印上某個英文字母，這樣就能在消費者情緒低落時，有效提升他們的購物體驗。提升消費者的心理控制感，消費者買得開心，對彼此都是雙贏。

還有一個關於「抽血」的實驗。

各位去抽血的時候，就算清楚知道那是必要的檢查，還是會覺得不安，擔心疼痛吧？

南加州大學的李察．米爾茲教授做過一項調查，發現在抽血的時候，護理師只要讓患者自行選擇要抽哪一隻手臂的血，就能減輕負面情意。

現在幾乎每一家醫院都會讓患者自行選擇要抽哪一隻手臂的血。但在以前，這一直都是由護理師決定。交由專業護理師來判斷，也是很合理的。

可是，抽血會讓患者產生負面情意。而且那是必要的檢查，不能自己做主，這種被強迫的感覺，會降低患者的心理控制感。因此，讓他們自行選擇要抽哪一隻手臂的血，可以降低不安的情緒，提升滿意度。

自己決定要抽哪一隻手臂的血，其實是很微不足道的事情，但多了這一點控制感，就能減少負面情意，讓患者安心。

「邊界效應」的作用，有框線的包裝更受好評！

下頁有兩款藥品的外包裝。客戶在設計商品包裝時，常會來徵詢我的意見。這本書是在二〇二三年春天撰寫的，若客戶現在問我哪種包裝比較好，我一定回答左邊。作爲一家顧問公司，我們的工作不是選出有品味、有創意的設計風格，而是依照科學根據，選出「人們嚮往的設計風格」，所以我建議左邊比較好，是有科學根據的。

現在全球疫情已經慢慢降溫了，但烏俄戰爭尚未結束，敘利亞和土耳其也發生天災，景氣更是大幅衰退。世界情勢動盪不安，人們覺得自己好像只能忍受大環境的擺布，會產生一種無力感，惶惶不安。

這裡提供一項理論給各位參考。我以前在杜克大學的時候，曾經和凱莎・卡特萊一起做過研究，她在畢業論文中，發表過「邊界效應」這項理論。

根據她的實驗結果，當一個人覺得自己受到外在因素（他人或環境）鉗制時，會比較喜歡有框線的外包裝。

左邊的外包裝，商品名稱被方形的框線圈住，這種視覺效果會在無意識中滿足我

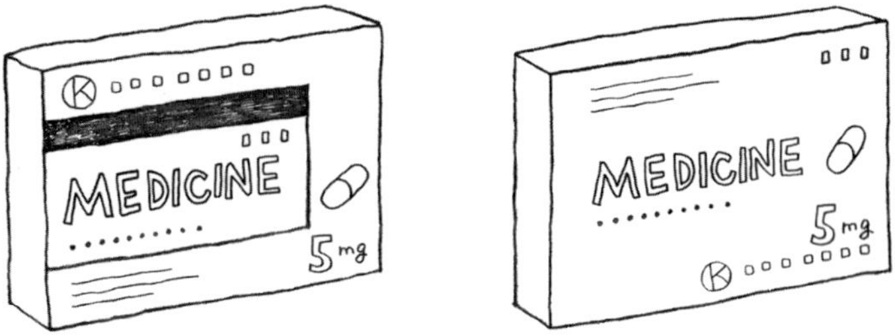

們的控制感，情緒不安的人特別容易被吸引。

包裝設計和廣告的視覺呈現，如今也是很受重視的商業環節，但賣給有錢人的商品，通常都設計得比較開放，很少採用框線明確的設計。

目前還沒有實驗證明景氣好的時候，無框線的外包裝更受歡迎，所以我也不敢斷言，但這個假設從理論上來說是成立的。

「不確定性」會影響我們的判斷

「不確定性理論」：未知是最恐怖的壓力

行爲經濟學有一個持續受到關注的議題，那就是「不確定性」。

在我們的生活中，幾乎沒有什麼事情是「絕對的」。也許你在大公司上班，以爲一輩子都能過上穩定的生活，但公司也有倒閉的風險。也可能因爲大地震、火災、強盜、疾患，突然就奪走人的性命。我知道沒有人願意去想像那種狀況，但意外永遠有可能發生。日常生活中還有其他常見的意外狀況，好比一向準時的公車誤點了，老客戶突然不肯續約了等等。或者，你對某一項商品充滿期待，結果買回來使用之後，大失所望。

人很討厭這種不確定性。

「不確定性」和「心理控制感」一樣，都會讓我們產生負面情緒，進而做出不理性的決策。

我曾經在行爲經濟學的研討會上，聽一位學者談起他的研究，我就藉這個故事來告訴各位，「不確定性」會如何引發負面情緒。他找上那些被診斷出可能罹患癌症的人，調查他們聽到診斷後的心理狀態。

大家都是因爲身體不舒服才去醫院做檢查，現在得知自己可能罹患癌症，內心一定充滿憂慮和不安。平常我們做健康檢查，光是聽到「需要進一步檢查」，就夠憂慮了，更遑論有罹患癌症的可能。

這些調查對象也是如此，當他們得知自己可能罹患癌症，都產生強烈的負面情緒。

接下來的調查才是發人省思的部分。現階段都還只是「可能罹患癌症」，之後經過確認，有人眞的罹患癌症，有人則幸免於難。

先來看那些幸免於難的人，當他們得知自己並沒有罹患癌症，壓力值迅速下降，甚至比一開始時還要低。這也是理所當然的結果。

不過，眞正值得探討的是那些眞的罹患癌症的人。當他們得知自己罹患癌症，壓力值確實上升了，但幾天後，壓力值就下降了，也降到比一開始時還要低。因爲他們確定自己罹患癌症，也選擇了治療方式，知道下一步該怎麼做。不確定性降低了，壓力也就跟著減輕許多。換句話說，這個調查告訴我們，一直處在「可能發生壞事」的不確定性當中，對心理的負擔遠比實際發生壞事還要大。

日常生活也是一樣的道理，有調查顯示，實際發生壞事的心理創傷，比整天擔心壞事可能發生的心理創傷要小。所以在職場上，與其整天提心吊膽，擔心客戶不喜歡你的方案，不如轉換一下觀念，告訴自己「盡人事，聽天命」就好。

——美國大樂透與不確定性

人都想避開不確定性，唯一的例外大概是「希望」，這屬於一種正面情緒。

在美國，提到「希望」，目前討論最多的，莫過於大樂透了。我在寫這本書的當下，新聞就報導有人中了十億美元。號稱容易開出大獎的店家總是大排長龍。

我們都知道自己中獎的希望很渺茫。事實上，正是因爲沒人中獎，獎金才會一直累積上去。人要是眞的討厭不確定性，根本不該去買彩券。

奇怪的是，大家還是熱衷買彩券。因爲中獎機率實在太低了，低到人們完全無法想像。至於中獎的喜悅，相信大家不必思考也能體會。

- 中大獎的機率低到難以言喻。
- 中大獎就不必辛苦工作，可以享受奢華的生活了。

這兩種狀況，哪一種比較容易想像呢？除非你是數學家，不然一定是第二種比較容易想像（不對，就算你是數學家，第二種應該也比較容易想像）。於是，我們選擇忽視理性，不去看中獎的機率有多低，而是妄想自己中大獎後，過上財富自由、隨心所欲的人生。也就是說，我們把這種機率微乎其微、但容易想像的情意擺在第一位，受到這種情意的影響，我們就會做出不理性的行爲，持續購買中獎機率微乎其微的彩券。

有項實驗也印證了這個理論。研究人員將實驗對象分成兩組，詢問他們願意花多少錢買下列兩種彩券：

- 第一組：有機會抽中五百美元的歐洲旅行折價券。
- 第二組：有機會抽中五百美元的學費減免券。

兩種彩券的中獎金額是一樣的。當研究人員告訴他們，中獎機率高達九九％時，人們願意花在學費減免券的金額，比歐洲旅行折價券高出一成。反之，當中獎機率只有一％時，人們花在歐洲旅行折價券的金額，比學費減免摸彩高出四倍。

因爲歐洲旅行所產生的正面情意，就跟中樂透一樣強烈。至於學費減免，產生的正面情意較薄弱。所以當中獎機率低的時候，人們會根據正面情意做決定，而不是衡量機率。這也印證了人的不理性。

平常在職場上也有類似的狀況。假設現在有兩項專案，一項專案的成功率是未知數，但你對那項專案有很深的期待。另一項專案確定能賺錢，但你並沒有太大興趣。

這種情況下，大多數商業人士都會把時間和心力投注在自己感興趣的專案上，也不管成功機率有多低。當然，這並不是壞事，可是你等於放棄了另一項成功機率較高的專案。爲了避免失敗，你得花更多心力管理工作進度。希望各位不要忘了行爲經濟學的理論，冷靜分配自己的工作。

爲了掌握行爲經濟學這門學問，本書將行爲經濟學的理論歸納成「認知習性」「狀況」「情緒」這三大要素，個別解說。作爲行爲經濟學入門書，歸納出明確的系統是首要之務，但這三大要素是互相交錯的，相信大家看到這裡也有所感觸。就以「冷熱同理差距」來說吧，這是融合了「認知習性」和「情緒」，又受到「狀況」的影響，進而導致不理性的決策。

現在各位了解這三大要素，會更容易察覺到自己的不理性行爲，以及背後的原因，當然，也可以更快找出應對的辦法。

第3章的重點

- 傳統經濟學沒有考量到情緒對人的影響力。不過，情緒確實會使我們做出不理性的決策。決策會受到情緒影響，這是很不理性的。
- 情緒也有分強弱，分別是強烈的「離散情緒」和細微的「情意」。我們會頻繁感受到情意，因此，在考量情緒對決策的影響力時，應該把重點放在情意上。
- 情意可分為正面情意和負面情意。
- 基本上，正面情意有好的作用，但也可能害我們花錢如流水。
- 壓抑負面情意，會產生不良的影響。不要刻意壓抑，而是要了解自己的負面情緒，有效活用。
- 情緒會影響我們「花錢的方式」，這也是造成浪費的原因。
- 缺乏「心理控制感」會引發負面情緒，進而導致不理性的決策。
- 「不確定性」也會引發負面情緒，進而導致不理性的決策。

終章

與「日常生活」息息相關的行為經濟學

終章的「概要」與「謎題」

前面幾章主要是從兩個角度來探討行為經濟學，一是學術性研究，另一是行爲經濟學對商業的影響力。最後，我想再提高視角，從下列三個角度來說明「行爲經濟學對社會的影響」。

1.「自我理解和他者理解」與行爲經濟學

作爲商業人士，或作爲一個人，我們必須先了解自己，才能擁有更開闊的視野。如此一來，我們將能察覺自己的不理性和決策傾向，做出更好的判斷，按照自己的意志行動。

這一節會說明行爲經濟學的「自我理解和他者理解」是什麼意思。

2.「永續發展」與行爲經濟學

二十一世紀的商業市場，幾乎已經發展到極限，這個時代的商業人士，必須持續摸索永續發展的可能性。

讓我們一起來思考，行爲經濟學是怎麼看待永續發展目標。

3.「多元共融」與行爲經濟學

「D&I」是指多元（Diversity）和包容（Inclusion），這個議題也受到廣泛的討論。更進一步的觀念是「DEI」，多加了公平（Equity）的概念，這是今後全球都要面對的課題。

這一節會從行爲經濟學的角度來解說「多元共融」。

在正式進入這一章之前，先來看一道謎題。

Quiz

下面兩段訊息，是防曬油的宣傳文案。你覺得哪種文案比較有吸引力？

- 訊息A：你也辦得到！只要三步驟，輕鬆又簡單。把防曬油放在盥洗用品旁，每天早上使用就行了。
- 訊息B：研究指出，就算只是短暫曝曬在太陽下，也有曬傷、老化、皮膚癌的風險，這款防曬油能抵抗紫外線傷害。

「自我理解和他者理解」與行為經濟學

各位覺得哪種文案比較有吸引力呢？說實話，這道謎題有點類似性格測試，能夠知道你的性格。

先說結論吧，選擇A的人重視「促進焦點」，選擇B的人重視「預防焦點」。這兩種類型有什麼樣的涵義呢？

這一節，我們來探討「自我理解和他者理解」與行爲經濟學的關聯。

——知己知彼，是強力的武器

傳統經濟學認爲人都是一樣的，都會做出理性的決策和行爲，選擇正確的答案。用簡化的方式說明傳統經濟學，大致就是這樣的論述。

然而，行爲經濟學認爲，人不見得會做出理性的決策，因此每個人都不一樣。每個人都有不同的「認知習性」，就算有相同的「認知習性」，可能也有強弱的差別，或是受到「狀況」和「情緒」的影響而變化。

再者，人會使用系統一和系統二做判斷，但有些人比較常用系統一，有些人則比較常用系統二。

我擔任顧問的一家科技公司就是根據行爲經濟學，提供性格和決策傾向分析的服務，將「人的不理性」轉化爲數值。

- 你在意的是「損失」還是「利益」？
- 在職場和個人生活中，你在哪方面獲得更高的評價？
- 什麼樣的事情讓你願意承擔風險？

利用這些問題分析客戶的性格和用錢之道，如何決策、如何行動，並轉化爲數值。

服務推出以後大受好評。有證券公司告訴我們，他們的客戶（投資人）因爲更了解自己，知道自己適合做什麼樣的投資，對投資商品的興趣提升了三〇%。證券公司也因爲深入了解客戶，能夠改善服務的方式。

深入了解自己和他人，才會知道自己和他人的決策機制、行爲機制。這些知見有助於提升你的職場表現和生活品質。面對哲學性的問題時，好比我們該如何在社會上自處，行爲經濟學也能指引我們方向。

類型① 你是「促進焦點」還是「預防焦點」？

「調節焦點理論」是了解自己和他人不可或缺的行爲經濟學理論。

這是哥倫比亞大學的心理學家愛德華·托里·希金斯提出的理論，自一九九七年發表以來備受矚目，相關論文多達數千部。

簡單說，調節焦點理論的涵義是，人類追求目標的動機大致分爲「促進焦點」和「預防焦點」。

比方說，主管把新的專案交給你負責……

- 促進焦點：要努力獲得成功。
- 預防焦點：身為專案負責人，要努力避免失敗。

這兩種行爲都是「努力」，但促進焦點是努力要達成目標，是「更上一層樓的動機」。

重視促進焦點的人，可以從夢想和願景獲得動機。具備成長和進步的欲望，動機也多半是積極正面，勇於達成目標。

這種人的決策較爲樂觀，也不怕承擔風險，充滿創造力。他們關注的是機會和可能性，會努力將利益最大化——我個人就是這種類型的。

相對的，預防焦點則是要迴避不好的結果，是「不希望情況變糟的動機」。他們的動機來自責任和義務。

預防焦點最大的特徵是追求安心、穩定。動機多半是維持現狀，避免不好的結果。

在決策過程中力求謹慎，凡事以責任和義務為重。有迴避風險的傾向，更關注潛在的威脅和危險，試圖將損失降到最低。

這兩者沒有誰對誰錯，事先了解自己屬於哪一種類型，你會明白自己的決策和行為傾向。另外，了解你的客戶、主管、同事屬於哪一種類型，就會知道要如何跟他們相處了。

例如，面對促進焦點的部屬，不妨鼓勵他們追求更好的結果。面對預防焦點的部屬，就教導他們如何避免失敗。如此一來，部屬會更願意聽從你的建議。

類型② 你是「最大化」還是「滿足化」？

行為經濟學把決策途徑分為兩大類，分別是「最大化」和「滿足化」。

比方說，你要安排下次的假期……

● 最大化：花時間好好調查旅遊資訊。
● 滿足化：參考十大熱門景點，從中挑幾個地方就好。

所謂的最大化，是指廣泛蒐集各種資訊，仔細評估，以做出最佳選擇。用這種方法，做每一項決策都會在無形中耗費大量的時間。

就算都已經下定決心，也容易猶豫，擔心還有更好的選擇，於是繼續蒐集更多的資訊。因爲永遠都想追求最佳選擇，反而陷入過度思考的泥沼，無法做出抉擇。這種類型的人不擅長應對緊急的工作，而且過於追求完美，總是擔心自己做錯選擇。順帶一提，我在職場上會追求最大化，個人生活方面則是追求滿足化。

追求滿足化的人，在做決策時重視效率和簡便。換句話說，只要蒐集到能滿足一定需求的選項，便不再繼續蒐集資訊，依靠直覺或隨興從中做選擇。下定決心後很少反悔，做每一項決策都不花時間，可以迅速決定。這種人的特徵是，滿足於實際又簡便的選項，凡事不求完美，只要能滿足基本需求就好。

類型③ 你是「樂觀」還是「後悔規避」？

假設你喜歡的餐廳旁開了一家新的咖啡廳，菜單上的東西看起來很好吃，只是價格不太便宜。這時候你會……

1. 認為那家店的食物一定很好吃，決定去嘗鮮。
2. 擔心那家店的食物不好吃，不想浪費錢，還是去平常的餐廳吃飯。

如果你選第一種，那你可能有「樂觀偏誤」。這種人總認為事情會一帆風順，也相信自己的未來會比其他人更好，高於一般的平均值。

所以，這種人的計畫和決策總是過於樂觀。由於生性樂觀，也更願意承擔風險，追求商業上的機會。他們相信事情會一帆風順，遭遇挫折也會很快重新振作。

至於第二種人，可能有「後悔規避偏誤」。後悔規避偏誤嚴重的人，就算知道潛在利益大於成本，也會避開後悔的可能性。

換句話說，新的咖啡廳也許比自己喜歡的餐廳更好，但他們不想失望，所以決策時會選擇風險較小的選項。對他們來說，「規避後悔」的重要性大於「成功的可能性」，決策時總是過於愼重保守，有時會錯失良機，甚至無法達成目標。

以上三種類型有學術研究的佐證，可以幫助你知己知彼。當然，人實際上是更複雜的，正因爲複雜，我們才需要活用這三種類型來了解人性。

「永續發展」與行為經濟學

——利用「助推理論」，提升旅館毛巾的重複使用率！

如今地球暖化嚴重，解決環境問題，社會才能永續發展。已經有人利用行爲經濟學，研究如何改變人的行爲。

比方說，利用助推理論，讓旅館續住的客人重複使用毛巾，不要每天更換，以減少水資源的浪費和環境汙染。那麼，到底什麼樣的訊息才能夠影響客人的決策，讓他們做出對環境有利的行爲呢？

加州大學洛杉磯分校的諾亞．葛斯坦與團隊做了一項實驗。

●訊息一：請協助守護環境！

「各位貴賓，續住期間，請重複使用毛巾，展現您對自然的敬意和守護之意。」

●訊息二：一起加入守護環境的行列！

「各位貴賓，根據二〇〇三年秋季的調查，有七五%的旅客認同本旅館的環境保護政策，在續住期間重複使用毛巾。也請您以同樣的方式，加入守護環境的行列。」

●訊息三：一起加入守護環境的行列！

「各位貴賓，根據二〇〇三年秋季的調查，住在這間客房（〇〇號房）的旅客，有七五%的旅客認同本旅館的環境保護政策，在續住期間重複使用毛巾。也請您以同樣的方式，加入守護環境的行列。」

如各位所見，第一種訊息沒有提到其他旅客的資訊，只是呼籲大家配合。第二種訊息點出有七五%的旅客在續住期間重複使用毛巾，並呼籲大家加入。第三種訊息甚至鎖定過去住在這間客房的人，都加入了守護環境的行列。

其實還有第四和第五種訊息。第四種訊息是把第二種稍微改變一下，將「各位貴賓」換成「各位市民」。第五種訊息則列出男性和女性重複使用毛巾的比率。

那麼，哪一種訊息最有效果呢？

第一種訊息沒有提到其他旅客的資訊，效果最差，只有三七．二%的人重複使用毛巾。第二種訊息有提到其他旅客的資訊，並呼籲大家加入，就有四四%的人願意重複使用毛巾。第四種訊息將「各位來賓」換成「各位市民」，或是第五種訊息列出男性和女性重複使用毛巾的比率，效果和第二種訊息都差不多。

這三種訊息的效果比第一種好，主要就是因爲提到其他旅客的資訊，展示了社會規範。換句話說，其他人的行爲，會成爲我們在相同狀況下的行爲參考標準，比單純呼籲大家配合來得有效果。

第三種訊息同樣展示了社會規範，但效果最好，有四九．三％的人願意重複使用毛巾。因爲第三種訊息不只點出有很多人加入，還鎖定「住在這間客房的人」，同樣住在這間客房的人都重複使用毛巾了，這麼說的效果最好。

像這樣稍微改變一下文章內容，善用行爲經濟學的理論，不僅有助永續發展，也能節省大量經費，這也是行爲經濟學受到舉世矚目的原因。

也有研究指出，像這樣稍微做一點改變，不只能提升毛巾的重複使用率，也有助於再生能源的引進使用。接下來要介紹的研究案例，就運用了預設效應。

——德國能源公司運用「預設效應」

德國一家大型能源公司對四萬一千九百五十二名新客戶做了一項實驗。這些新客戶必須造訪公司官網，決定要不要使用再生能源，官網上設計了兩種預設選項：

- 第一種：「使用再生能源」的選項沒有事先打勾。
- 第二種：「使用再生能源」的選項已經事先打勾。

人會順著預設選項，決定要不要使用再生能源。

因爲預設效應，第二組同意使用再生能源的人，幾乎是第一組的十倍。

——利用行為經濟學節省電力

接下來我們看企業活用行爲經濟學的實例。設立於加州的 Opower 公司，主要提供節能的服務。我在前言提過，有些企業設置了行爲長一職，Opower 的行爲長約翰·巴爾茲，將社會規範的理論活用在自家業務上。他們提供住家能源報告給電力公司的用戶，讓他們可以比較自家的用電量，以及當地同類型家庭的用電量，藉此宣導節能。

「您家使用了多少電？」

報告中使用三種評比圖案，一種是笑臉圖案，代表電量低於平均，第二種是微笑圖案，代表用電量合乎平均，最後一種無表情圖案，代表無用電量高於平均。報告中還會特別強調節能效率最好的鄰居。這份報告創造了節能的社會規範，成功降低用電量。

Opower公司靠著住家能源報告，創業兩年，就替電力公司省下二十億美金。自二〇〇七年以來，美國有一千七百萬個家庭收到這份報告，總共節省了大約一百一十億千瓦的能源。大家可能對這個數字沒概念，十億千瓦的能源，相當於四萬場世足賽的球場用電量，這是非常了不起的成果。

每一份報告都是爲用戶量身打造，以簡單易懂的方式，比較自家和鄰居的用電量，是相當有效的節能宣導手段，也印證了社會規範的威力。住家能源報告目前仍持續發行，這個例子告訴我們，行爲經濟學確實爲永續發展盡了一份心力。

看完這三個例子，我們了解如何把行爲經濟學應用在永續發展上，進而達到節能和守護環境的目標。

除了商業行爲，我們也必須關注社會議題，思考如何把行爲經濟學應用在永續發展和其他的社會議題上。

「多元共融」與行為經濟學

如前所述，人都有「認知習性」，我們每個人都帶著許多偏誤。也多虧有系統一，我們才能有效率地理解資訊、詮釋資訊，進而做出決策和行動。系統一是生活所必需，也是人類不理性的樣貌。然而，我們用系統一做出各種微不足道的決策，卻帶來了整體社會的問題。

——在探討多元共融之前，先了解認知習性

多元共融，也就是所謂的DEI，是多元（Diversity）、公平（Equity）與包容（Inclusion）的縮寫。我們到底該如何實現這三大目標？全球正積極探討這項議題。日本的性別落差指數，在全球一百四十六個主要國家中，排名第一百一十六，因此，這

一節主要探討關於性別的多元共融議題，這也是目前日本最關注的話題。

多元共融在美國也是廣受矚目的新議題。最近我受邀發表演說，從行爲經濟學的觀點探討多元共融，與會人士是各大企業的執行長，將近百人。

在美國，多數企業女性主管的比例都有增加，女性有更多的機會在職場上大展身手，找我發表演說的工商團體的會員企業也是如此。但問題是，雖然女性主管的人數比以前多了，但職場的核心依舊是白人中年男子。換句話說，雖然多元性提升了，包容性卻遲遲沒有改善。

我在演講之前，先去了解那些企業的狀況，多數男性主管也想積極推動多元共融，卻不曉得該從何下手。

於是，我從行爲經濟學的觀點，先讓他們明白問題的成因，再來思考改善方案。

人有各式各樣的偏誤，這些偏誤阻礙了社會的多元共融。

最值得注意的是「預設效應」。過去職場都以白人男性爲主，「以白人男性爲主」

成了一種廣泛的預設選項，再加上維持現狀偏誤的作用，我們很難去改變預設選項。這時候，我們需要「批判性思考」，了解自己受到預設效應的影響，產生了偏見。

到這裡都還很好理解，但要改善包容性，必須從根本反思，做出改變。偏偏我們受到系統一的影響，很難做出改變。關鍵在於，我們必須勇於挑戰「理所當然」的觀念，先從小地方做起，質疑過去的約定俗成，思考有沒有更好的做法。

如果你判斷現在的狀況還不是最好，還可以再改善，那就要努力排除定錨效應。意思是，當我們在思考如何改善現狀時，往往會把「現狀」當成基準，無法大刀闊斧地做出改變。

序章談到企業改用電子簽名軟體的案例，面對改變，人往往只會看到缺點。所以，在追求改變時，最好一次就大刀闊斧地做出「以女性爲主」的變革，這樣才能讓我們找到創新的解決方案。

我在演說時告訴台下聽眾，不要只想著改善現狀，而是讓女性員工從她們的角度，訂立適合女性的計畫和經營方式，結果又會如何？我用這個問題，讓那些高階主管腦力激盪。

當然，我的提案不可能全部實現，但打破既定思維重新思考，可以發現許多前所未見的視野和方法。未來他們在探討各種問題時，就能拿來參考。

順帶提一下我個人的見解，我體驗過日、美兩國的文化，發現日本的預設效應特別強。因此，打破既定思維，重新思考全新的方法，或許是有效的手段。

「眞相錯覺效應」也會阻礙我們改變既有的文化。比方說，如果你經常在網路上或職場上，聽聞人們對女性或性少數族群的偏見，就算你一開始不相信，但耳濡目染之下仍會受到影響，誤以爲那些是正確的言論。

於是，耳濡目染的言論變成了「社會規範」，影響了多數人。就以美國爲例，有媒體報導，女性在會議上通常不太發言。就算在多元共融已相對進步的美國，還是出現了這樣的數據。我還陸續看到相關的報導，分析這是許多企業都有的問題，牽涉的因素十分複雜，相當嚴重。

美國職場不問男女，都講究領袖氣質，他們認爲不敢說出自己意見的人，沒有必要出席會議。我就在這樣的環境中工作，因此一開始並不同意媒體的報導。但後來發現，自己也在無意識中受到了報導的影響。要改變自己潛意識中的偏誤，需要努力進行意識改革。

就算一開始不相信，但耳濡目染之下仍會受影響，要避免眞相錯覺效應，我會多查看一些能激發我靈感的資訊，制定好的「規範」。

「人都有認知習性，這有好有壞。我們要先有這樣的認知，改變就從這裡開始。」

我在演講時是這麼說的。在思考改善方案之前，必須先了解問題的成因。換句話說，我們必須了解人類的決策和行爲機制。

——「那是我的孩子，我無法替他動手術！」

一名男子帶兒子趕往醫院，他兒子需要動緊急手術，值班醫師也到場了。值班醫師一看到小孩，當場大叫：

「那是我的孩子，我無法替他動手術！」

看到這，各位是不是覺得有點奇怪？如果你有這種感覺，代表你有性別偏見。男子帶兒子去醫院，結果值班醫師卻說那是自己的孩子，你要是對這段話感到不自然，代表你有刻板印象，認爲「醫生都是男性」。

各位想通了吧，值班醫師是孩子的母親。

日本最近爆發一則醜聞，受到社會大眾撻伐。某間私立大學的醫學系，優先招收男性考生。

有的女性具備當醫生的才能，也相當努力，卻因爲性別而喪失機會。現在醫療人力嚴重不足，這實在是非常可惜的事情。

當然，刻板印象在各行各業都有。很多女性具備敏銳的商業直覺和領導才能，同樣因爲性別無法一展長才。另外，現在幼教人力嚴重短缺，有的男性喜歡小孩，對幼兒教育有很強的責任感，也因爲性別而得不到信賴。

再者，從情意理論的角度來看，刻板印象不僅剝奪寶貴的工作機會，也會阻礙我們發揮潛能。他人的信賴，會帶動我們成長。反之，覺得自己不受期待，會降低動力，自然得不到好的結果。

擺脫刻板印象的束縛，發揮自己的潛能，我們才能跟那些充滿創新思維的跨國企業一較高下。

——電影主角換人的原因

音樂界和醫療界、學術界一樣，都是以男性爲主。曾經有人針對美國某個管弦樂團女性團員太少提出質疑，審查員否認他們有性別歧視。但這只是證明刻板印象在無意識中造成了影響。

因此，他們採用行爲經濟學的方法，改變「狀況」因素。在徵選團員時，讓他們在布幕後演奏。換句話說，審查員只能憑藉音色來選拔小提琴家或大提琴家。結果，一九七〇年，女性團員不到全體的五％，到了一九九七年，上升到二五％。

顯然，性別偏見並不理性，性別與能力無關。

現在美國很重視「Representation Matters」，意思是「再現的重要性」，這是用來解決刻板印象的手段。

比方說，很多電影的主角改用黑人、亞裔、西班牙裔的小朋友，藉此消除「英雄都是白人」的刻板觀念。黑人、亞裔、西班牙裔的小朋友和青少年看到電影就會知道，也有英雄跟他們一樣。另外，有些美國節目在介紹成功人士時，會刻意介紹女性的科學家或工程師。

不只娛樂圈如此，現在企業的女主管越來越多，可以消除女性和男性的刻板印象，讓大家知道當主管不是男性的專利。商業界也可以從根本下手，改變人們的偏誤，例如，在招募員工的網頁上，積極招募女性或性少數族群。

我在寫這本書時，得知了一個消息，東大教授約聘將採用配額制，女性教授的比例會增加二五％。有人批評這只是表面功夫，但確實能夠減少「教授都是男性」的刻板印象。從更宏觀的角度來看，也可以減少「學者都是男性」「男性重視職涯」的刻板印象。

之所以重視「Representation Matters」，不光是有減少刻板印象的效果，前面介紹擴展與建構理論時也提到，當我們看到自己嚮往的目標，就會產生動力和正面情意，連帶提升能力、活力、幹勁。

另一點跟風險理論有關。人們認爲，不常見的事物蘊含風險。比方說，一位女職員剛進公司，從來沒看過女性被委以重任。這位女職員無形中會認爲，像自己這樣的女性不應該主持重要會議，未來就算遇到機會也不敢爭取，爭取了也可能產生負面情意，徒增不安。

行爲經濟學分析了人類不理性的「認知習性」，指引我們改善自己的生活，乃至改善整個公司和社會。

人的潛意識中都有不客觀的偏誤，美國人明白這一點，所以爲了推動多元共融，現在他們的履歷表都不附照片。觀念比較先進的企業，在書面審查階段連名字和年齡都不看。畢竟看名字就知道性別，而且美國有各種族裔和宗教信仰，這些也會在無意識中造成影響。

當然，通過書面審查的人，來面試時就知道性別和人種了，但至少第一關排除了不客觀的偏誤。有一家保險公司是我的客戶，公司的執行長告訴我，引進這套方法後，他們雇用到了真正優秀的人才，想走後門的人也變少了。

現在各位看完這本書，應該明白「認知習性」「狀況」「情緒」，會害我們做出不理性的決策。不過，這些都是人性，不可能完全排除，也沒必要完全排除。重點是正確了解這些因素，並且好好利用。

我們每個人都能運用系統二，遇到問題時，先問問自己的系統二吧。行為經濟學會教你如何正確提問。

運用「推助理論」，讓自己、身邊的人走向更好的未來，世界也將因此而改善。我衷心期望這本書能帶給更多人啓發。

終章的重點

- 想要了解自己、了解他人，你需要行為經濟學的「調節焦點理論」，了解自己是「促進焦點」類型，還是「預防焦點」類型。了解自己屬於哪一種類型，就會知道自己的決策和行為傾向。
- 此外，「最大化」和「滿足化」，了解自己屬於哪一種類型，也能知道自己的決策和行為傾向。追求「最大化」的人，會花時間好好調查；追求「滿足化」的人，只求滿足基本需求。
- 「樂觀偏誤」和「後悔規避偏誤」孰強孰弱，也會影響我們的決策和行為傾向。前者相信一切都會順利，屬於樂觀進取的思維。後者害怕後悔，往往無法果斷做決策，或寧可選擇保守的選項。
- 行為經濟學在「永續發展」的議題上，也大有用處。
- 追求多元共融之前，了解認知習性，很多問題其實都能用行為經濟學解決。

後記

我小時候經常搬家轉學，接觸過許多不同的人和文化。文化的差異會影響人的思考方式，文化和狀況也會改變一個人的想法和行爲，這些都是我的親身經歷。那時候我還不知道「行爲經濟學」，但兒時的經歷讓我對「心理學」產生了濃厚的興趣。

我在十八歲離開日本，想到美國學習最先進的心理學。遺憾的是，我始終沒有機會回到日本效力。所以，突然接到日本出版社的邀約，老實說我嚇了一大跳。二十多年來，我都只用英文做研究、工作，從來沒用日文探討過行爲經濟學。一開始我覺得自己不可能寫出好書，本來打算拒絕的。

可是，我孤身來到美國時，也是一個人面對未知的世界。凡事都有「第一次」，我剛到美國時英文也不好，總是一邊翻著字典，一邊閱讀大量文獻。光是讀一頁資料就要花一小時，眞的差點哭出來。而且一個外國人在美國工作，遇到很多挑戰，多虧有身邊的人協助，我才能順利念完博士，在美國創業，成爲一名經營者。

於是我開始回顧往事，我從小在日本長大，之後又到美國研究行爲經濟學，並從事相關工作，或許我的經歷，可以讓我寫出一本與眾不同的書吧。所以我決定略盡棉薄之力，請日本的同胞幫我一起宣揚行爲經濟學。這本書得以問世，也是許多人共同努力的結晶。

我要感謝給我這個機會的編輯，畢竟我缺乏日本的社會經驗，但編輯還是鼓勵我，教我如何寫出一本與眾不同的書。我的日文不好，想必原稿有不太好懂的地方，編輯也積極提供我語言上的協助。

另外我要感謝 Evelyn Yau，她明明不懂日文，卻努力用網路翻譯幫我查證資料，自我創業以來，一直是我的得力助手。加藤清也先生過去也在美國學習行爲經濟學，後來回到日本企業大展身手，他活用自己特殊的經歷，教導我如何寫出日本讀者也喜歡的書。

我還要感謝遠在日本的父母和家人，他們讓我盡情做自己想做的事，若沒有他們的溫情守護和支持，我不會有今天的成就。

我的丈夫替我分擔許多事，讓我有足夠的時間寫書，我也想對他表示感謝。謝謝他一直無條件支持我，鼓勵我。我的愛犬小妮，在我工作時始終不吵不鬧，我也要感謝牠。

最後，我要對這本書的讀者致上最誠摯的謝意。希望這本書可以讓你們用不同的角度觀察這個世界。我也期待透過這本書，跟日本的同胞有更進一步的交流。

189 Goldin, C., & Rouse, C. (2000). Orchestrating impartiality: The impact of “blind” auditions on female musicians. American economic review, 90(4), 715-741.
190 Slovic, P. (1987). Perception of risk. Science, 236(4799), 280-285.

Organizational behavior and human decision processes, 65(2), 148-158.

174 Zeelenberg, M. (1999). Anticipated regret, expected feedback and behavioral decision making. Journal of behavioral decision making, 12(2), 93-106.

175 Tsiros, M., & Mittal, V. (2000). Regret: A model of its antecedents and consequences in consumer decision making. Journal of consumer Research, 26(4), 401-417.

176 Anderson, C. J. (2003). The psychology of doing nothing: forms of decision avoidance result from reason and emotion. Psychological bulletin, 129(1), 139.

177 Bell, D. E. (1982). Regret in decision making under uncertainty. Operations research, 30(5), 961-981.

178 Loomes, G., & Sugden, R. (1982). Regret theory: An alternative theory of rational choice under uncertainty. The economic journal, 92(368), 805-824.

179 Goldstein, N. J., Cialdini, R. B., & Griskevicius, V. (2008). A room with a viewpoint: Using social norms to motivate environmental conservation in hotels. Journal of consumer Research, 35(3), 472-482.

180 Allcott, H. (2011). Social norms and energy conservation. Journal of public Economics, 95(9-10), 1082-1095.

181 Allcott, H., & Rogers, T. (2014). The short-run and long-run effects of behavioral interventions: Experimental evidence from energy conservation. American Economic Review, 104(10), 3003-3037.

182 Ebeling, F., & Lotz, S. (2015). Domestic uptake of green energy promoted by opt-out tariffs. Nature Climate Change, 5(9), 868-871.

183 Oracle Utilities (2019). Opower Behavioral Energy Efficiency. Retrieved from https://www.oracle.com/a/ocom/docs/industries/utilities/utilities-opower-energy-efficiency-cs. pdf

184 Johnson, E. J., & Goldstein, D. (2003). Do defaults save lives?. Science, 302(5649), 1338-1339.

185 Hasher, L., Goldstein, D., & Toppino, T. (1977). Frequency and the conference of referential validity. Journal of verbal learning and verbal behavior, 16(1), 107-112.

186 Cialdini, R. B., & Trost, M. R. (1998). Social influence: Social norms, conformity and compliance. In D. T. Gilbert, S. T. Fiske, & G. Lindzey (Eds.), The handbook of social psychology (pp. 151–192). McGraw-Hill.

187 https://www3.weforum.org/docs/WEF_GGGR_2022.pdf&sa=D&source=docs&ust=1680648249603371&usg=AOvVaw3Dyrp95ZaDCg7KMwBU1Lq4

188 Macrae, C. N., & Bodenhausen, G. V. (2000). Social cognition: Thinking categorically. Annual review of psychology, 51, 93-120.

purchase decisions reduces residual sadness. Journal of Consumer Psychology, 24(3), 373-380.

160 Mills, R. T., & Krantz, D. S. (1979). Information, choice, and reactions to stress: A field experiment in a blood bank with laboratory analogue. Journal of Personality and Social Psychology, 37(4), 608.

161 Smith, C. A., & Ellsworth, P. C. (1985). Patterns of cognitive appraisal in emotion. Journal of personality and social psychology, 48(4), 813.

162 Cutright, K. M. (2012). The beauty of boundaries: When and why we seek structure in consumption. Journal of Consumer Research, 38(5), 775-790.

163 Rottenstreich, Y., & Hsee, C. K. (2001). Money, kisses, and electric shocks: On the affective psychology of risk. Psychological science, 12(3), 185-190.

164 Loewenstein, G. F., Weber, E. U., Hsee, C. K., & Welch, N. (2001). Risk as feelings. Psychological bulletin, 127(2), 267.

終章

165 Keller, P. A. (2006). Regulatory focus and efficacy of health messages. Journal of Consumer Research, 33(1), 109-114.

166 Sedikides, C. (1993). Assessment, enhancement, and verification determinants of the self-evaluation process. Journal of personality and social psychology, 65(2), 317.

167 Higgins, E. T. (1997). Beyond pleasure and pain. American psychologist, 52(12), 1280.

168 Crowe, E., & Higgins, E. T. (1997). Regulatory focus and strategic inclinations: Promotion and prevention in decision-making. Organizational behavior and human decision processes, 69(2), 117-132.

169 Higgins, E. T. (1998). Promotion and prevention: Regulatory focus as a motivational principle. In Advances in experimental social psychology (Vol. 30, pp. 1-46). Academic Press.

170 Schwartz, B., Ward, A., Monterosso, J., Lyubomirsky, S., White, K., & Lehman, D. R. (2002). Maximizing versus satisficing: happiness is a matter of choice. Journal of personality and social psychology, 83(5), 1178.

171 Weinstein, N. D. (1980). Unrealistic optimism about future life events. Journal of personality and social psychology, 39(5), 806.

172 Sharot, T. (2011). The optimism bias. Current biology, 21(23), R941-R945.

173 Zeelenberg, M., Beattie, J., Van der Pligt, J., & De Vries, N. K. (1996). Consequences of regret aversion: Effects of expected feedback on risky decision making.

Review of general psychology, 2(3), 271-299.
146 Gross, J. J. (1998). Antecedent-and response-focused emotion regulation: divergent consequences for experience, expression, and physiology. Journal of personality and social psychology, 74(1), 224.
147 Lazarus, R. S., & Folkman, S. (1984). Stress, appraisal, and coping. Springer publishing company.
148 Clance, P. R., & Imes, S. A. (1978). The imposter phenomenon in high achieving women: Dynamics and therapeutic intervention. Psychotherapy: Theory, research & practice, 15(3), 241.
149 Brooks, A. W. (2014). Get excited: reappraising pre-performance anxiety as excitement. Journal of Experimental Psychology: General, 143(3), 1144.
150 Schwarz, N., & Clore, G. L. (1983). Mood, misattribution, and judgments of well-being: Informative and directive functions of affective states. Journal of personality and social psychology, 45(3), 513.
151 Taylor, S. E., & Lobel, M. (1989). Social comparison activity under threat: downward evaluation and upward contacts. Psychological review, 96(4), 569.
152 https://www.caa.go.jp/policies/policy/consumer_policy/meeting_materials/assets/internet_committee_221021_02.pdf&sa=D&source=docs&ust=1680627358566890&usg=AOvVaw1gY0zJryYrN90MjK17hYnw
153 Shah, A. M., Eisenkraft, N., Bettman, J. R., & Chartrand, T. L. (2016). "Paper or plastic?": How we pay influences post-transaction connection. Journal of Consumer Research, 42(5), 688-708.
154 Yang, S. S., Kimes, S. E., & Sessarego, M. M. (2009). $ or dollars: Effects of menu-price formats on restaurant checks.
155 Hull, C. L. (1932). The goal-gradient hypothesis and maze learning. Psychological review, 39(1), 25.
156 Kivetz, R., Urminsky, O., & Zheng, Y. (2006). The goal-gradient hypothesis resurrected: Purchase acceleration, illusionary goal progress, and customer retention. Journal of marketing research, 43(1), 39-58.
157 Dunn, E. W., Gilbert, D. T., & Wilson, T. D. (2011). If money doesn't make you happy, then you probably aren't spending it right. Journal of Consumer Psychology, 21(2), 115-125.
158 Dunn, E., & Norton, M. (2014). Happy money: The science of happier spending. Simon and Schuster.
159 Rick, S. I., Pereira, B., & Burson, K. A. (2014). The benefits of retail therapy: Making

133 Kramer, A. D., Guillory, J. E., & Hancock, J. T. (2014). Experimental evidence of massive-scale emotional contagion through social networks. Proceedings of the National Academy of Sciences, 111(24), 8788-8790.
134 Stajkovic, A. D., Latham, G. P., Sergent, K., & Peterson, S. J. (2019). Prime and performance: Can a CEO motivate employees without their awareness?. Journal of Business and Psychology, 34(6), 791-802.
135 Fredrickson, B. L. (1998). What good are positive emotions?. Review of General Psychology, 2(3), 300-319.
136 Fredrickson, B. L. (2001). The role of positive emotions in positive psychology: The broaden-and-build theory of positive emotions. American psychologist, 56(3), 218.
137 Fredrickson, B. L. (2004). The broaden–and–build theory of positive emotions. Philosophical transactions of the royal society of London. Series B: Biological Sciences, 359(1449), 1367-1377.
138 Marzilli Ericson, K. M., & Fuster, A. (2014). The endowment effect. Annu. Rev. Econ., 6(1), 555-579.
139 Kahneman, D., Knetsch, J. L., & Thaler, R. H. (1991). Anomalies: The endowment effect, loss aversion, and status quo bias. Journal of Economic perspectives, 5(1), 193-206.
140 Pierce, J. L., Kostova, T., & Dirks, K. T. (2003). The state of psychological ownership: Integrating and extending a century of research. Review of general psychology, 7(1), 84-107.
141 Pierce, J. L., Kostova, T., & Dirks, K. T. (2001). Toward a theory of psychological ownership in organizations. Academy of management review, 26(2), 298-310.
142 Jami, A., Kouchaki, M., & Gino, F. (2021). I own, so I help out: How psychological ownership increases prosocial behavior. Journal of Consumer Research, 47(5), 698-715.
143 Brasel, S. A., & Gips, J. (2014). Tablets, touchscreens, and touchpads: How varying touch interfaces trigger psychological ownership and endowment. Journal of Consumer Psychology, 24(2), 226-233.
144 Van Dyne, L., & Pierce, J. L. (2004). Psychological ownership and feelings of possession: Three field studies predicting employee attitudes and organizational citizenship behavior. Journal of Organizational Behavior: The International Journal of Industrial, Occupational and Organizational Psychology and Behavior, 25(4), 439-459.
145 Gross, J. J. (1998). The emerging field of emotion regulation: An integrative review.

probability distortions, and insurance decisions. Journal of risk and uncertainty, 7(1), 35-51.

118 Kahneman, D. (2003). Experiences of collaborative research. American Psychologist, 58(9), 723.

119 Slovic, P., Finucane, M. L., Peters, E., & MacGregor, D. G. (2007). The affect heuristic. European journal of operational research, 177(3), 1333-1352.

120 Finucane, M. L., Alhakami, A., Slovic, P., & Johnson, S. M. (2000). The affect heuristic in judgments of risks and benefits. Journal of behavioral decision making, 13(1), 1-17.

121 Zajonc, R. B. (1980). Feeling and thinking: Preferences need no inferences. American psychologist, 35(2), 151.

122 Murphy, S. T., & Zajonc, R. B. (1993). Affect, cognition, and awareness: affective priming with optimal and suboptimal stimulus exposures. Journal of personality and social psychology, 64(5), 723.

123 Winkielman, P., & Zajonc & Norbert Schwarz, R. B. (1997). Subliminal affective priming resists attributional interventions. Cognition & Emotion, 11(4), 433-465.

124 Clore, G. L. (1992). Cognitive phenomenology: Feelings and the construction of judgment. The construction of social judgments, 10, 133-163.

125 Clore, G. L., Gasper, K., & Garvin, E. (2001). Affect as information. Handbook of affect and social cognition, 121-144.

126 Schwarz, N., & Clore, G. L. (2003). Mood as information: 20 years later. Psychological inquiry, 14(3-4), 296-303.

127 Slovic, P. E. (2000). The perception of risk. Earthscan publications.

128 Slovic, P., & Peters, E. (2006). Risk perception and affect. Current directions in psychological science, 15(6), 322-325.

129 Slovic, P., Monahan, J., & MacGregor, D. G. (2000). Violence risk assessment and risk communication: The effects of using actual cases, providing instruction, and employing probability versus frequency formats. Law and human behavior, 24, 271-296.

130 Dickert, S., Sagara, N., & Slovic, P. (2011). Affective motivations to help others. The science of giving: Experimental approaches to the study of charity, 161-178.

131 Damasio, A. R. (1996). The somatic marker hypothesis and the possible functions of the prefrontal cortex. Philosophical Transactions of the Royal Society of London. Series B: Biological Sciences, 351(1346), 1413-1420.

132 Bechara, A., & Damasio, A. R. (2005). The somatic marker hypothesis: A neural theory of economic decision. Games and economic behavior, 52(2), 336-372.

journal of socio-economics, 40(1), 35-42.
105 Englich, B., Mussweiler, T., & Strack, F. (2006). Playing dice with criminal sentences: The influence of irrelevant anchors on experts' judicial decision making. Personality and Social Psychology Bulletin, 32(2), 188-200.
106 Langer, E., Blank, A., & Chanowitz, B. (1978). The mindlessness of Ostensibly Thoughtful Action: The Role of "Placebic" Information in Interpersonal Interaction. Journal of Personality and Social Psychology, 36(6), 635-642.
107 Dixon, M., & Toman, N. (2010, July 13). How call centers use behavioral economics to sway customers. Harvard Business Review. Retrieved from https://hbr.org/2010/07/how-call-centers-use-behaviora
108 Levin, I. P. (1987). Associative effects of information framing. Bulletin of the psychonomic society, 25(2), 85-86.
109 Levin, I. P., & Gaeth, G. J. (1988). How consumers are affected by the framing of attribute information before and after consuming the product. Journal of consumer research, 15(3), 374-378.
110 Tversky, A., & Kahneman, D. (1981). The framing of decisions and the psychology of choice. science, 211(4481), 453-458.
111 Kahneman, D., & Tversky, A. (1979). Prospect theory: An analysis of decision under risk. Econometrica, 47(2), 363-391.
112 Payne, J. W., Sagara, N., Shu, S. B., Appelt, K. C., & Johnson, E. J. (2013). Life expectancy as a constructed belief: Evidence of a live-to or die-by framing effect. Journal of Risk and Uncertainty, 46, 27-50.
113 Danziger, S., Levav, J., & Avnaim-Pesso, L. (2011). Extraneous factors in judicial decisions. Proceedings of the National Academy of Sciences, 108(17), 6889-6892.
114 Loewenstein, G. (2005). Hot-cold empathy gaps and medical decision making. Health psychology, 24(4S), S49.
115 Milkman, K. L., Rogers, T., & Bazerman, M. H. (2010). I' ll have the ice cream soon and the vegetables later: A study of online grocery purchases and order lead time. Marketing Letters, 21(1), 17-35.

第 3 章

116 Edmans, A., Fernandez-Perez, A., Garel, A., & Indriawan, I. (2022). Music sentiment and stock returns around the world. Journal of Financial Economics, 145(2), 234-254.
117 Johnson, E. J., Hershey, J., Meszaros, J., & Kunreuther, H. (1993). Framing,

www.vanityfair.com/news/2012/10/michael-lewis-profile-barack-obama
92 Cable News Network. (2015, October 9). This is why geniuses always wear the same outfit... CNN. Retrieved from https://www.cnn.com/2015/10/09/world/gallery/decision-fatigue-same-clothes/index.html
93 Bloem, C. (2018, March 1). Successful people like Barack Obama and Mark Zuckerberg wear the same thing every day - and it's not a coincidence. Business Insider. Retrieved from https://www.businessinsider.com/successful-people-like-barack-obama-wear-the-same-thing-every-day-2018-2
94 Chartrand, T. L., & Bargh, J. A. (1999). The chameleon effect: The perception–behavior link and social interaction. Journal of personality and social psychology, 76(6), 893.
95 Murphy, S. T., & Zajonc, R. B. (1993). Affect, cognition, and awareness: affective priming with optimal and suboptimal stimulus exposures. Journal of personality and social psychology, 64(5), 723.
96 Mandel, N., & Johnson, E. J. (2002). When web pages influence choice: Effects of visual primes on experts and novices. Journal of consumer research, 29(2), 235-245.
97 North, A. C., Hargreaves, D. J., & McKendrick, J. (1999). The influence of in-store music on wine selections. Journal of Applied psychology, 84(2), 271.
98 Areni, C. S., & Kim, D. (1993). The influence of background music on shopping behavior: classical versus top-forty music in a wine store. ACR North American Advances.
99 Simonson, I. (1993). Get closer to your customers by understanding how they make choices. California Management Review, 35(4), 68-84.
100 Hsee, C. K. (1996). The evaluability hypothesis: An explanation for preference reversals between joint and separate evaluations of alternatives. Organizational behavior and human decision processes, 67(3), 247-257.
101 Hsee, C. K., Loewenstein, G. F., Blount, S., & Bazerman, M. H. (1999). Preference reversals between joint and separate evaluations of options: A review and theoretical analysis. Psychological bulletin, 125(5), 576.
102 Johnson, E. J., & Goldstein, D. (2003). Do defaults save lives?. Science, 302(5649), 1338-1339.
103 Bergman, O., Ellingsen, T., Johannesson, M., & Svensson, C. (2010). Anchoring and cognitive ability. Economics Letters, 107(1), 66-68.
104 Furnham, A., & Boo, H. C. (2011). A literature review of the anchoring effect. The

field study, analysis, and directions. In Proceedings of the SIGCHI conference on Human factors in computing systems (pp. 677-686).

78 Edmunds, A., & Morris, A. (2000). The problem of information overload in business organisations: a review of the literature. International journal of information management, 20(1), 17-28.

79 Speier, C., Valacich, J. S., & Vessey, I. (1999). The influence of task interruption on individual decision making: An information overload perspective. Decision sciences, 30(2), 337-360.

80 Mark, G., Gudith, D., & Klocke, U. (2008, April). The cost of interrupted work: more speed and stress. In Proceedings of the SIGCHI conference on Human Factors in Computing Systems (pp. 107-110).

81 CGMA. (2016, February). Joining the Dots: Decision Making for a New Era.

82 Bawden, D., & Robinson, L. (2009). The dark side of information: overload, anxiety and other paradoxes and pathologies. Journal of information science, 35(2), 180-191.

83 Farhoomand, A. F., & Drury, D. H. (2002). Managerial information overload. Communications of the ACM.

84 Przybylski, A. K., Murayama, K., DeHaan, C. R., & Gladwell, V. (2013). Motivational, emotional, and behavioral correlates of fear of missing out. Computers in human behavior, 29(4), 1841-1848.

85 Herman, D. (2000). Introducing short-term brands: A new branding tool for a new consumer reality. Journal of Brand Management, 7(5), 330-340.

86 Reutskaja, E., Cheek, N. N., Iyengar, S., & Schwartz, B. (2022). Choice Deprivation, Choice Overload, and Satisfaction with Choices Across Six Nations. Journal of International Marketing, 30(3), 18-34.

87 Juran, J. M., & De Feo, J. A. (2010). Juran's quality handbook: the complete guide to performance excellence. McGraw-Hill Education.

88 Lynch Jr., J. G., & Ariely, D. (2000). Wine online: Search costs affect competition on price, quality, and distribution. Marketing science, 19(1), 83-103.

89 Shah, A. M., & Wolford, G. (2007). Buying behavior as a function of parametric variation of number of choices. PSYCHOLOGICAL SCIENCE-CAMBRIDGE-, 18(5), 369.

90 Iyengar, S. S., & Lepper, M. R. (2000). When choice is demotivating: Can one desire too much of a good thing?. Journal of personality and social psychology, 79(6), 995.

91 Lewis, M. (2012, September 11). Obama's way. Vanity Fair. Retrieved from https://

organization. The Journal of General Psychology, 53(1), 21-28.
62 Clinedinst, M. (2019). 2019 State of College Admission. National Association for College Admission Counseling.
63 Simonsohn, U. (2010). Weather to go to college. The Economic Journal, 120(543), 270-280.
64 Simonsohn, U. (2007). Clouds make nerds look good: Field evidence of the impact of incidental factors on decision making. Journal of Behavioral Decision Making, 20(2), 143-152.
65 Ebbinghaus, H. (2013). Memory: A contribution to experimental psychology. Annals of neurosciences, 20(4), 155.
66 Murdock Jr., B. B. (1962). The serial position effect of free recall. Journal of experimental psychology, 64(5), 482.
67 Asch, S. E. (1946). Forming impressions of personality. The Journal of Abnormal and Social Psychology, 41(3), 258.
68 Glanzer, M., & Cunitz, A. R. (1966). Two storage mechanisms in free recall. Journal of verbal learning and verbal behavior, 5(4), 351-360.
69 Mantonakis, A., Rodero, P., Lesschaeve, I., & Hastie, R. (2009). Order in choice: Effects of serial position on preferences. Psychological Science, 20(11), 1309-1312.
70 Argo, J. J., Dahl, D. W., & Manchanda, R. V. (2005). The influence of a mere social presence in a retail context. Journal of consumer research, 32(2), 207-212.
71 Deci, E. L. (1971). Effects of externally mediated rewards on intrinsic motivation. Journal of personality and Social Psychology, 18(1), 105.
72 Deci, E. L., Koestner, R., & Ryan, R. M. (1999). A meta-analytic review of experiments examining the effects of extrinsic rewards on intrinsic motivation. Psychological bulletin, 125(6), 627.
73 Frey, B. S., & Jegen, R. (2001). Motivation crowding theory. Journal of economic surveys, 15(5), 589-611.
74 Lepper, M. R., Greene, D., & Nisbett, R. E. (1973). Undermining children's intrinsic interest with extrinsic reward: A test of the "overjustification" hypothesis. Journal of Personality and social Psychology, 28(1), 129.
75 Spira, J. B., & Burke, C. (2009). Intel' s War on Information Overload: A Case Study. New York, Basex.
76 Hemp, P. (2009). Death by information overload. Harvard business review, 87(9), 82-9.
77 Iqbal, S. T., & Horvitz, E. (2007, April). Disruption and recovery of computing tasks:

47 Van Rompay, T. J., & Pruyn, A. T. (2011). When visual product features speak the same language: Effects of shape typeface congruence on brand perception and price expectations. Journal of product innovation management, 28(4), 599-610.
48 Sundar, A., & Noseworthy, T. J. (2014). Place the logo high or low? Using conceptual metaphors of power in packaging design. Journal of Marketing, 78(5), 138-151.
49 Frederick, S., Loewenstein, G., & O'donoghue, T. (2002). Time discounting and time preference: A critical review. Journal of economic literature, 40(2), 351-401.
50 Laibson, D. (1997). Golden eggs and hyperbolic discounting. The Quarterly Journal of Economics, 112(2), 443-478.
51 Olivola, C. Y., & Sagara, N. (2009). Distributions of observed death tolls govern sensitivity to human fatalities. Proceedings of the National Academy of Sciences, 106(52), 22151-22156.
52 Liberman, N., Trope, Y., & Wakslak, C. (2007). Construal level theory and consumer behavior. Journal of consumer psychology, 17(2), 113-117.
53 Trope, Y., & Liberman, N. (2010). Construal-level theory of psychological distance. Psychological review, 117(2), 440.
54 Buehler, R., Griffin, D., & Ross, M. (1994). Exploring the "planning fallacy": Why people underestimate their task completion times. Journal of personality and social psychology, 67(3), 366.
55 Sharot, T. (2011). The optimism bias. Current biology, 21(23), R941-R945.
56 Brickman, P., Coates, D., & Janoff-Bulman, R. (1978). Lottery winners and accident victims: Is happiness relative?. Journal of personality and social psychology, 36(8), 917.
57 Diener, E., Lucas, R. E., & Scollon, C. N. (2009). Beyond the hedonic treadmill: Revising the adaptation theory of well-being. The science of well-being: The collected works of Ed Diener, 103-118.
58 Yeung, C. W., & Soman, D. (2007). The duration heuristic. Journal of Consumer Research, 34(3), 315-326.

第 2 章

59 Sahakian, B., & LaBuzetta, J. N. (2013). Bad Moves: How decision making goes wrong, and the ethics of smart drugs. OUP Oxford.
60 Muller-Lyer, F. C. (1889). Optische urteilstauschungen. Archiv fur Anatomie und Physiologie, Physiologische Abteilung, 2, 263-270.
61 Bruner, J. S., & Minturn, A. L. (1955). Perceptual identification and perceptual

live and lead. Twelve.

32 Thorndike, E. L. (1920). A constant error in psychological ratings. Journal of applied psychology, 4(1), 25-29.

33 Hasher, L., Goldstein, D., & Toppino, T. (1977). Frequency and the conference of referential validity. Journal of verbal learning and verbal behavior, 16(1), 107-112.

34 Brashier, N. M., Eliseev, E. D., & Marsh, E. J. (2020). An initial accuracy focus prevents illusory truth. Cognition, 194, 104054.

35 Freedman, J. L., & Fraser, S. C. (1966). Compliance without pressure: the foot-in-the-door technique. Journal of personality and social psychology, 4(2), 195.

36 Bazerman, M. H., Curhan, J. R., Moore, D. A., & Valley, K. L. (2000). Negotiation. Annual review of psychology, 51(1), 279-314.

37 Tversky, A., & Kahneman, D. (1981). The framing of decisions and the psychology of choice. science, 211(4481), 453-458.

38 Hogarth, R. M. (1987). Judgement and choice: The psychology of decision. John Wiley & Sons.

39 Thaler, R. (1985). Mental accounting and consumer choice. Marketing science, 4(3), 199-214.

40 Nordgren, L. F., Harreveld, F. V., & Pligt, J. V. D. (2009). The restraint bias: How the illusion of self-restraint promotes impulsive behavior. Psychological science, 20(12), 1523-1528.

41 Lakoff, G., & Johnson, M. (1980). Conceptual metaphor in everyday language. The journal of Philosophy, 77(8), 453-486.

42 Lakoff, G., Johnson, M., & Sowa, J. F. (1999). Review of Philosophy in the Flesh: The embodied mind and its challenge to Western thought. Computational Linguistics, 25(4), 631-634.

43 Laird, J. D. (1974). Self-attribution of emotion: the effects of expressive behavior on the quality of emotional experience. Journal of personality and social psychology, 29(4), 475.

44 Williams, L. E., & Bargh, J. A. (2008). Experiencing physical warmth promotes interpersonal warmth. Science, 322(5901), 606-607.

45 Peracchio, L. A., & Meyers-Levy, J. (2005). Using stylistic properties of ad pictures to communicate with consumers. Journal of Consumer Research, 32(1), 29-40.

46 Meyers-Levy, J., & Peracchio, L. A. (1992). Getting an angle in advertising: The effect of camera angle on product evaluations. Journal of marketing research, 29(4), 454-461.

17 Johnson, E. J., Shu, S. B., Dellaert, B. G., Fox, C., Goldstein, D. G., Häubl, G., ... & Weber, E. U. (2012). Beyond nudges: Tools of a choice architecture. Marketing letters, 23, 487-504.

18 Thaler, R. H., & Sunstein, C. R. (2009). Nudge: Improving decisions about health, wealth, and happiness. Penguin.

第 1 章

19 Frederick, S. (2005). Cognitive reflection and decision making. Journal of Economic perspectives, 19(4), 25-42.

20 Kahneman, D. (2011). Thinking, fast and slow. macmillan.

21 Tversky, A., & Kahneman, D. (1974). Judgment under Uncertainty: Heuristics and Biases: Biases in judgments reveal some heuristics of thinking under uncertainty. science, 185(4157), 1124-1131.

22 Simon, H. A. (1971). Designing organizations for an information-rich world. Computers, communications, and the public interest, 72, 37.

23 Arkes, H. R., & Blumer, C. (1985), The psychology of sunk costs. Organizational Behavior and Human Decision Processes, 35, 124-140.

24 Rosenthal, R., & Jacobson, L. (1968). Pygmalion in the classroom. The urban review, 3(1), 16-20.

25 Gilovich, T., Vallone, R., & Tversky, A. (1985). The hot hand in basketball: On the misperception of random sequences. Cognitive psychology, 17(3), 295-314.

26 Berger, J., & Fitzsimons, G. (2008). Dogs on the street, pumas on your feet: How cues in the environment influence product evaluation and choice. Journal of marketing research, 45(1), 1-14.

27 Strom, S. (2013, September 26). With tastes growing healthier, McDonald's aims to adapt its menu. The New York Times. Retrieved from https://www.nytimes.com/2013/09/27/business/mcdonalds-moves-toward-a-healthier-menu.html

28 Jargon, J. (2017, March 1). McDonald's decides to embrace fast-food identity. The Wall Street Journal. Retrieved from https://www.wsj.com/articles/mcdonalds-to-expand-mobile-delivery-as-it-plots-future-1488390702

29 Oswald, M. E., & Grosjean, S. (2004). Confirmation bias. Cognitive illusions: A handbook on fallacies and biases in thinking, judgement and memory, 79.

30 Wason, P. C. (1960). On the failure to eliminate hypotheses in a conceptual task. Quarterly Journal of Experimental Psychology, 12(3), 129-140.

31 Bock, L. (2015). Work rules!: Insights from inside Google that will transform how you

參考文獻

序章

1 Denes-Raj, V., & Epstein, S. (1994). Conflict between intuitive and rational processing: when people behave against their better judgment. Journal of personality and social psychology, 66(5), 819.

2 Kahneman, D., & Tversky, A. (1979). Prospect theory: An analysis of decision under risk. Econometrica, 47(2), 363-391.

3 Kahneman, D. (1991). Article commentary: Judgment and decision making: A personal view. Psychological science, 2(3), 142-145.

4 Shiller, R. J. (2015). Irrational exuberance. Princeton university press.

5 Smith, A. (1776). An inquiry into the nature and causes of the wealth of nations.

6 Smith, A. (1759). The theory of moral sentiments.

7 Thaler, R. H., & Benartzi, S. (2004). Save more tomorrow™: Using behavioral economics to increase employee saving. Journal of political Economy, 112(S1), S164-S187.

8 King, B. (2022, January 13). Those who married once more likely than others to have retirement savings. Census.gov. Retrieved from https://www.census.gov/library/stories/2022/01/women-more-likely-than-men-to-have-no-retirement-savings.html

9 Nickerson, D. W., & Rogers, T. (2010). Do you have a voting plan? Implementation intentions, voter turnout, and organic plan making. Psychological Science, 21(2), 194-199.

10 Nickerson, D. W., & Rogers, T. (2014). Political campaigns and big data. Journal of Economic Perspectives, 28(2), 51-74.

11 Ghose, S. (2021, January 21). Behavioral economics: The Entrepreneur's best friend?. UC Berkeley Sutardja Center for Entrepreneurship & Technology. Retrieved from https://scet.berkeley.edu/behavioral-economics-the-entrepreneurs-best-friend/

12 Shah, A. K., & Oppenheimer, D. M. (2008). Heuristics made easy: an effort-reduction framework. Psychological bulletin, 134(2), 207.

13 Gigerenzer, G. (2008). Why heuristics work. Perspectives on psychological science, 3(1), 20-29.

14 Shiv, B., & Fedorikhin, A. (1999). Heart and mind in conflict: The interplay of affect and cognition in consumer decision making. Journal of consumer Research, 26(3), 278-292.

15 Kahneman, D. (2011). Thinking, fast and slow. macmillan.

16 Thaler, R. H., Sunstein, C. R., & Balz, J. P. (2013). Choice architecture. The behavioral foundations of public policy, 25, 428-439.

Eurasian Publishing Group
圓神出版事業機構
用心與你對話．視野無限寬廣
先覺出版社
Prophet Press

www.booklife.com.tw reader@mail.eurasian.com.tw

商戰系列 243

行為經濟學是最強商業武器

善用人的不理性，一次改變千萬人

作　　者／相良奈美香
譯　　者／葉廷昭
發 行 人／簡志忠
出 版 者／先覺出版股份有限公司
地　　址／臺北市南京東路四段50號6樓之1
電　　話／（02）2579-6600．2579-8800．2570-3939
傳　　真／（02）2579-0338．2577-3220．2570-3636
副 社 長／陳秋月
副 總 編／李宛蓁
責任編輯／劉珈盈
校　　對／李宛蓁．劉珈盈
美術編輯／林韋伶
行銷企畫／陳禹伶．黃惟儂
印務統籌／劉鳳剛．高榮祥
監　　印／高榮祥
排　　版／杜易蓉
經 銷 商／叩應股份有限公司
郵撥帳號／ 18707239
法律顧問／圓神出版事業機構法律顧問蕭雄淋律師
印　　刷／祥峰印刷廠
2024 年5月　初版

KODOKEIZAIGAKU GA SAIKYO NO GAKUMON DEARU
BY Namika Sagara

定價390 元　ISBN 978-986-134-495-9

作爲消費者，你會變得更聰明，不再上企業的當。

而作爲商業人士，你將成爲優秀的策略家，消費者會更喜歡你的商品和服務。

這才是商業人士學習行爲經濟學的理由。

——《行爲經濟學是最強商業武器》

國家圖書館出版品預行編目資料

行為經濟學是最強商業武器：善用人的不理性，
一次改變千萬人／相良奈美香 著；葉廷昭 譯.
-- 初版. -- 臺北市：先覺出版股份有限公司，2024.5
336 面；14.8×20.8 公分 --（商戰系列；243）
譯自：行動経済学が最強の学問である
ISBN 978-986-134-495-9（平裝）

1.經濟學　2.行為心理學

550.14　　113003831